Der Markt für Medizintechnik

Analyse der Entwicklungen im Wandel der Zeit

Schriften zur Gesundheitsökonomie 12

Der Markt für Medizintechnik

Analyse der Entwicklungen im Wandel der Zeit

Stephanie Schmitt-Rüth
A. Susanne Esslinger
Oliver Schöffski

Stephanie Schmitt-Rüth
A. Susanne Esslinger
Oliver Schöffski

Universität Erlangen-Nürnberg
Lehrstuhl für Gesundheitsmanagement
Lange Gasse 20
90403 Nürnberg, Deutschland

Der Markt für Medizintechnik
Analyse der Entwicklungen im Wandel der Zeit
Schriften zur Gesundheitsökonomie 12, HERZ, Burgdorf, 2007
ISBN 978-3-936863-11-6

Herstellung: Books on Demand GmbH, Norderstedt

Inhaltsverzeichnis

Inhaltsverzeichnis V

Abkürzungsverzeichnis VIII

Abbildungsverzeichnis IX

Tabellenverzeichnis XI

1 Einleitung XIII

    1.1 Fragestellung und Zielsetzung 1

    1.2 Definition und Abgrenzung des Forschungsfeldes 2

        1.2.1 Medizintechnik – Definition und rechtliche Verankerung 2

        1.2.2 Statistische Abgrenzung des Marktes für Medizintechnik........3

    1.3 Vorgehensweise und Gliederung 7

2 Geschichte der Medizintechnik und ihres Marktes......................................11

    2.1 Von Produkten zu Märkten - Eine beispielhafte Darstellung............11

    2.2 Ausgewählte medizintechnische Instrumente zur Diagnostik..........13

        2.2.1 Funktionsdiagnostische Geräte...13

            2.2.1.1 Anfänge und Übersicht...13

            2.2.1.2 Akustische Wellen - Auskultation, Perkussion und PKG 14

            2.2.1.3 Elektrische Ströme – EMG, EKG, EEG....................16

            2.2.1.4 Magnetische Ortung – MKG, MEG, SQUID.............18

        2.2.2 Bildgebende Verfahren..19

            2.2.2.1 Anfänge und Übersicht...19

            2.2.2.2 Endoskopie - Vom Spiegel zum Endoskop................20

            2.2.2.3 Röntgen - Vom klassischen Verfahren zum CT........23

            2.2.2.4 Nukleardiagnostik – Szintigraph, SPECT und PET ...26

            2.2.2.5 Nutzung von Schall und Magnetsonograph und MRT..28

    2.3 Ausgewählte medizintechnische Instrumente zur Therapie 31

        2.3.1 Chirurgische Instrumente 31

         2.3.2 Anästhesie - Narkoseapparat 34

         2.3.3 Intensivmedizin - Herz-Lungen-Maschine.............................37

2.4 Branchenbeispiel der elektromedizinischen Industrie Deutschland . 39

    2.4.1 Anfänge und erste Unternehmen...39

    2.4.2 Von der Weltmarktführung zum Zusammenbruch - Industrie bis Ende des Zweiten Weltkrieges.......................................41

    2.4.3 Wiedererstarken einer Erfolgsgeschichte...............................42

2.5 Historische Entwicklung - Zusammenfassung...............................43

3 Markt für Medizintechnik am Beginn des 21. Jahrhunderts.....................45

3.1 Von der Makro- zur Branchenanalyse - Erfassung eines Marktes....45

3.2 Rahmenbedingungen des Marktes - Analyse der Makroumwelt......47

    3.2.1 Ausgewählte Faktoren des ökonomischen Umfeldes...........47

        3.2.1.1 Konjunkturelle Entwicklung......................................47

        3.2.1.2 Medizintechnischer Produktlebenszyklus.................48

    3.2.2 Ausgewählte Faktoren des gesellschaftlichen Umfeldes........49

        3.2.2.1 Sozialdemographische Entwicklung.........................49

        3.2.2.2 Technikakzeptanz und soziale Werte........................50

    3.2.3 Ausgewählte Faktoren des rechtlich-politischen Umfeldes....51

        3.2.3.1 Politische Reform im Gesundheitswesen...................51

        3.2.3.2 Zulassungsverfahren und Zertifizierung....................51

    3.2.4 Ausgewählte Faktoren des technologischen Umfeldes...........53

        3.2.4.1 Technologische Leistungsfähigkeit...........................53

        3.2.4.2 Medizintechnischer Fortschritt.................................53

    3.2.5 Ausgewählte Faktoren des ökologischen Umfeldes...............54

        3.2.5.1 Recycling und Wiederverwertung.............................54

        3.2.5.2 Einmalprodukte...56

3.3 Medizintechnische Industrie in Zahlen - Branchenstrukturanalyse .. 57

    3.3.1 Quantitative Erfassung der Ebene des Wettbewerbs..............57

        3.3.1.1 Betriebs- und Beschäftigungsstruktur.......................57

        3.3.1.2 Gründungsentwicklung und Standortverteilung........58

        3.3.1.3 Hauptakteure der Branche...60

    3.3.2 Quantitative Erfassung der Ebene der Unternehmensaktivitäten...61

3.3.2.1 Forschungs- und Unternehmensaktivitäten sowie
Mitarbeiterqualifikationen 61

3.3.2.2 Produktion medizintechnischer Güter 62

3.3.3 Quantitative Erfassung der Ebene der Kundennachfrage 63

3.3.3.1 Außenhandel 63

3.3.3.2 Inlandsmarkt 66

3.3.4 Markt für elektromedizinische Geräte - Ein
Branchenbeispiel 68

3.4 Kosten- oder Sparpotential - Ökonomie der Medizintechnik 70

3.4.1 Unternehmen der Medizintechnik zwischen Regulierung und
Marktwirtschaft 70

3.4.2 Medizintechnik im Ausgabenkalkül des Gesundheitswesens . 73

3.4.2.1 Einfluss auf die Gesundheitsausgaben 73

3.4.2.2 Einfluss auf die Beitragssatzentwicklung der GKV ... 74

3.4.3 Medizintechnik im Bewertungskalkül der
Gesundheitsökonomen 78

3.4.3.1 Health Technology Assessment (HTA) 78

3.4.3.2 Wirtschaftlichkeitsbeispiel Kapselendoskopie 80

3.4.4 Medizintechnik im Investitionskalkül ausgewählter
Branchenakteure 82

3.4.4.1 Stationärer Sektor 82

3.4.4.2 Ambulanter Sektor 85

3.4.5 Konsequenzen für medizintechnische Unternehmen am
Markt. 86

3.5 Erfolgsursachen des Medizintechnikmarktes - Zusammenfassung ... 89

4 Zukunft des Marktes für Medizintechnik - Ein Ausblick 95

4.1 Entwicklung der zukünftigen Nachfrage nach Medizintechnik 95

4.2 Forschung im neuen Jahrtausend - Produkte der Zukunft 96

4.2.1 Trends der Wissenschaft und Industrie 96

4.2.2 Rolle der Kompetenzzentren 98

4.3 Zukünftige Entwicklung des Marktes - Zwei Szenarien 99

4.3.1 Zugrundeliegende Annahmen 99

4.3.2 Szenario 1 „Status quo" - Ergebnisse 102

4.3.3 Szenario 2 „Radikaler Wandel" - Ergebnisse 102

4.4 Wachstumspotential Medizintechnik - Eine Zusammenfassung 103

5 Schlussbetrachtung 105

Literaturverzeichnis 107

Bildnachweis... 115

Anhang... 117

Personenverzeichnis... 145

Stichwortverzeichnis.. 147

Abbildungsverzeichnis

Abbildung 1   Graphische Darstellung der Gliederung.........................9

Abbildung 2:   Zeittafel ausgewählter funktionsdiagnostischer Apparate..........14

Abbildung 3:   Stethoskope aus dem 19. Jahrhundert........................15

Abbildung 4:   3M™ Littmann® elektronisches Stethoskop Modell 4000.........16

Abbildung 5:   Zeittafel ausgewählter diagnostischer Verfahren....................20

Abbildung 6:   Video-Endoskop........................22

Abbildung 7:   Wilhelm Conrad Röntgen (1845-1923)........................23

Abbildung 8:   Erster Röntgenapparat von Reiniger, Gebbert & Schall (1896)..24

Abbildung 9:   Somatom Sensation 64 - CT von Siemens........................26

Abbildung 10: Inveon PET-Spezialsystem von Siemens........................28

Abbildung 11: Magnetom Harmony von Siemens........................31

Abbildung 12: Beispielhafte chirurgischen Standard-Instrumente...................32

Abbildung 13: Unterschiedliche Stent-Varianten........................34

Abbildung 14: Äther-Inhalationsapparat nach Clover........................36

Abbildung 15: Junkers Narkoseapparat........................36

Abbildung 16: Herz-Lungen-Maschine von Gibbon........................38

Abbildung 17: Moderne Herz-Lungen-Maschine S3 der Fa. Sorin/Stöckert......39

Abbildung 18: Markt für Medizintechnik und seine Makroumwelt...................46

Abbildung 19:   Produktlebenszyklus........................48

Abbildung 20: Erfolgsfaktoren des Marktes für Medizintechnik nach Porters' Diamant........................91

Tabellenverzeichnis

Tabelle 1: Medizintechnik im weiteren Sinne nach Produktgruppen............6
Tabelle 2: Ausgewählte Medizintechnik der Diagnostik............................12
Tabelle 3: Inlandsmarkt für Medizinprodukte in Deutschland nach
Hauptgruppen...67
Tabelle 4: Stückzahlen und Umsatz von Ultraschallgerätetypen (1996-2001)
....69
Tabelle 5: Kostenvergleiche Multislice-Computertomographen
(Vollwartung incl. Röhre)..84
Tabelle 6: Umfrageergebnisse zur Zukunft der Medizintechnik...............98

Abkürzungsverzeichnis

B2B	Business-to-Business
B2C	Business-to-Consumer
BMÄ	Bundesmaßstab Ärzte
BMBF	Bundesministerium für Bildung und Forschung
BMGS	Bundesministerium für Gesundheit und soziale Sicherung
BVMed	Bundesverband Medizintechnologie e.V.
CE-Kennzeichnung	Communauté Européenne-Kennzeichnung (EG)
CHF Müller	Unternehmen
CT	Computertomograph
DES	Drug eluting-Stents
DIMDI	Deutsche Institut für Medizinische Dokumentation und Information
DIW	Deutsches Institut für Wirtschaftsforschung
DRG	Diagnosis Related Group
EEG	Elektroenzephalograph
EG-Richtlinien	Richtlinien der Europäischen Gemeinschaft
EKG	Elektrokardiograph
EMG	Elektromyograph
EWG	Europäische Wirtschaftsgemeinschaft
F&E	Forschung und Entwicklung
GE	General Electrics
GKV	Gesetzliche Krankenversicherung
GP	Güterproduktionsstatistik
HTA	Health Technology Assessment
kHz	Kiloherz
KMU	Kleine und mittelständische Unternehmen
KST	Magnetresonanztomograph, Kernspintomograph
MEG	Magnetoencephalograph
MKG	Magnetokardiograph
MPG	Gesetz über Medizinprodukte
MRT	Magnetresonanztomograph, Kernspintomograph
MTA	Medizintechnische(r) AssitentIn
OECD	Organisation for Economic Co-operation and Development
PET	Positronen-Elektronen-Tomograph

PKG	Phonokardiograph
RCA	Revealed comparative advantage
SPECT	Single-Photon-Emission-Computer-Tomographie
SQUID	Superconducting Quantum Interference Device
WEEE	Waste Electrical and Electronic Equipment (Elektro- und Elektronik-Altgeräte)
WZ	Wirtschaftszweig
WZ 17.54	Wirtschaftszweig Unternehmen aus dem Textilgewerbe
WZ 24.42.0/	
WZ 24.66.0	Wirtschaftszweig Unternehmen der chemischen Industrie
WZ 25.13.0	Wirtschaftszweig der Gummi-Industrie
WZ 33.10.1	Wirtschaftszweig elektromedizinische Geräte und Instrumente
WZ 33.10.2	Wirtschaftszweig medizintechnische Geräte
WZ 33.10.3	Wirtschaftszweig orthopädische Vorrichtungen
WZ 33.10.4	Wirtschaftszweig zahntechnische Laboratorien
WZ 33.40.1	Wirtschaftszweig Herstellung von augenoptischen Erzeugnissen
WZ 35.43.0	Wirtschaftszweig Hersteller von Behindertenfahrzeugen

1 Einleitung

1.1 Fragestellung und Zielsetzung

„Eine innovative Branche in regulierten Märkten"[1] - Mit diesen Worten wird in Deutschland eine Industrie beschrieben, die als Vorzeigebranche der deutschen Wirtschaft gilt. Die Rede ist vom Markt für Medizintechnik. Neben der Pharmaindustrie stellt dieser Markt einen der tragenden Pfeiler moderner Gesundheitsversorgung dar. Wie präsent und markant diese Branche mit ihren Produkten im Alltag der Menschen vertreten ist, zeigt der selbstverständliche und aktive Sprachgebrauch medizintechnischer Begriffe. Ob eine werdende Mutter über Ultraschall ihr noch nicht geborenes Kind sehen kann, der Patient mit einem Knochenbruch wie selbstverständlich zum Röntgen geschickt wird oder sich ein Sportler mit Verdacht auf Meniskusschaden einer Computer- oder Kernspintomographie unterziehen muss - stets wird selbst von Laien medizintechnisches Fachvokabular verwendet.

Der Weltmarkt für Medizintechnik wächst jährlich um etwa 4 %. Deutsche Unternehmen sind in vielen Bereichen der Medizintechnik führend und weltweit anerkannt. Dies geht nicht zuletzt auf eine lange Tradition und Erfolgsgeschichte des Marktes für Medizintechnik in Deutschland und seiner Produkte zurück. Doch was verbirgt sich genau hinter dem Begriff des „Marktes für Medizintechnik"? Wo liegen die Wurzeln dieser scheinbar großen Erfolgsgeschichte? Wie hat sich dieser Markt bis in die Gegenwart entwickelt? Worin ist das Potential dieses Marktes begründet und welche Richtung wird er in Zukunft anvisieren? Im Rahmen dieses Buches wird diesen Fragen nachgegangen. Es soll die Entwicklung eines Marktes analysiert werden, der einerseits angesichts seiner wirtschaftlichen Bedeutung und seiner weltweiten Aufstellung hochgelobt wird, andererseits immer wieder in Negativschlagzeilen gerät, da der Faktor Medizintechnik als einer der Kostentreiber im Gesundheitswesen angesehen wird.

---

[1] Vgl. Hornschild, K., Wilkens, M. (2004), S. 749.

1.2 Definition und Abgrenzung des Forschungsfeldes

1.2.1 Medizintechnik – Definition und rechtliche Verankerung

In der Literatur ist eine einheitliche Definition des Begriffs der Medizintechnik nicht gegeben. Terminologisch betrachtet werden die Wortstämme Medizin und Technik zusammengeführt. Medizin ist die Wissenschaft um die Erfassung und Behandlung der Gesundheit und Krankheiten von Lebewesen. Unter Technik wiederum versteht man jegliche Maßnahmen, Verfahren und Einrichtungen, welche die Beherrschung und zweckmäßige Nutzung der von der Natur gebotenen Energien und Rohstoffe ermöglichen.[2] Mit dem Beginn der industriellen Fertigung medizintechnischer Produkte um 1910 etablierte sich auch der Begriff der Medizintechnik.

Wie aber ist die Medizintechnik konkret ausgeprägt? Alle medizintechnischen Produkte stellen eine Teilmenge aus der Gesamtheit der sogenannten Medizin-produkte dar. Unter diesen versteht man laut §3 Absatz 1 des Gesetzes über Medizinprodukte (MPG) „alle einzeln oder miteinander verbunden verwendeten Instrumente, Apparate, Vorrichtungen, Stoffe und Zubereitungen aus Stoffen oder andere Gegenstände (...), die vom Hersteller zur Anwendung für Menschen mittels ihrer Funktion zum Zwecke der Erkennung, Verhütung, Überwachung, Behandlung, Linderung von Krankheiten, der Erkennung, Überwachung, Behandlung, Linderung oder Kompensierung von Verletzungen oder Behin-derungen, der Untersuchung, der Ersetzung oder der Veränderung eines ana-tomischen Aufbaus oder eines physiologischen Vorganges, der Empfängnis-regelung, zu dienen bestimmt sind (...)"[3]. Anders als bei Arzneimitteln, deren Hauptwirkung infolge pharmakologisch, immunologisch wirkender Mittel oder Metabolismen erreicht wird, erzielen Medizinprodukte ihre charakteristische Wirkung primär auf physikalischem Wege.

So soll hier folglich unter Medizintechnik ein weit gefächertes Spektrum techni-scher Apparate, Instrumente und Systeme verstanden werden, welche in der

---

[2] In Anlehnung an Bause, U., Forke, K., Matauschek, J. (Hrsg.) (1990), S. 9, König, H.-H. (1993), S. 6-8, Bantle, R. (1996), S. 11-14.
[3] Vgl. Bundesverband Medizintechnologie e.V. (Hrsg.) (BVMed) (2005b), S. 20-21.

Medizin zum Zwecke der Prävention, Diagnose, Therapie, Pflege und Rehabilitation eingesetzt werden. Um nun aber analysieren zu können, wie sich der Markt der Medizintechnik im Wandel der Zeit entwickelt hat, bedarf es einer konkreten Definition des relevanten Marktes.

1.2.2 Statistische Abgrenzung des Marktes für Medizintechnik

Ein Markt stellt immer eine Institution für das Zusammentreffen von Angebot und Nachfrage dar und hat die Aufgabe, Interessenkonflikte zwischen Nachfragern und Anbietern im Sinne einer bestmöglichen Güterversorgung zu lösen.[4] Auch auf dem Markt für Medizintechnik bieten die Produzenten medizintechnischer Güter ihre Erzeugnisse zum Verkauf an. Er weist eine hohe Heterogenität hinsichtlich der von ihm hergestellten Produkte und Dienstleistungen auf: je nach gewählter statistischer Branchenabgrenzung werden unterschiedliche Güter oder Wirtschaftszweige in die Analysen einbezogen. Quantitative Markterfassungen unterscheiden sich deshalb teilweise erheblich voneinander. Da sich die Datenbasis dieser Arbeit weitgehend auf Daten der amtlichen Statistik stützt, ist es notwendig, eine durchgängige Abgrenzung der Medizintechnikbranche vorzunehmen. Hierbei ist zu beachten, dass sich diese zum einen an den Möglichkeiten besagter amtlicher Statistik orientiert, zum anderen aber der Intention dieser Arbeit, einer Analyse der historischen und gegenwärtigen Marktentwicklung, gerecht wird.

Für eine trennscharfe und vergleichbare Datenbasis wird hier die Medizintechnik in eine engere, Medizintechnik im engeren Sinne (i. e. S.), und eine weitere Medizintechnik, Medizintechnik im weiteren Sinne (i. w. S.), gegliedert werden. Die Medizintechnik i. e. S. umfasst - gemäß der amtlichen Statistik der europäischen Klassifikation der Wirtschaftszweige[5] - alle Güter des Wirtschaftszweiges (WZ) 33.10 „Herstellung von medizinischen Geräten und orthopädischen Vorrichtungen" (vgl. Anhang 1). Hierzu zählen neben elektromedizinischen Geräten und Instrumenten (WZ 33.10.1) sowie medizintechnischen Geräten (WZ 33.10.2) auch orthopädische Vorrichtungen (WZ 33.10.3) und zahntechnische Laboratorien

---

[4] Vgl. Lachmann, W. (1997), S. 58.
[5] Vgl. Statistisches Bundesamt (Hrsg.) (2004b), S. 21.

(WZ 33.10.4). Es sind Unternehmen beteiligt, die ihren Produktionsschwerpunkt bei Gütern haben, die von ihrer Beschaffenheit fast ausschließlich im Bereich der Medizin eingesetzt werden.

Der Betrachtungsschwerpunkt dieser Arbeit orientiert sich an dieser engeren Definition von Medizintechnik. Eine reine Beschränkung auf die Herstellung elektromedizinischer und mechanischer Geräte und Instrumente allerdings würde dem Anspruch der Erfassung des Gesamtmarktes für Medizintechnik, nicht gerecht werden. Angesichts beabsichtigter spezifischer Teilanalysen bedarf es einer wieter gefassten Definition der Medizintechnik. Bei der Medizintechnik i. w. S. werden - neben den Herstellern der Medizintechnik i. e. S. – Unternehmen einbezogen, welche zwar unter das Medizinproduktgesetz fallen, jedoch ursprünglich zu anderen Wirtschaftszweigen zählen. Nicht nur die Wirtschaftszweige WZ 33.40.1 „Herstellung von augenoptischen Erzeugnissen" und WZ 35.43.0 „Hersteller von Behindertenfahrzeugen" werden der Medizintechnikbranche zugeordnet. Hinzu kommen ferner Unternehmen aus dem Textilgewerbe (WZ 17.54), der chemischen Industrie (WZ 24.42.0 und 24.66.0) sowie der Gummi-Industrie (WZ 25.13.0). Verzichtet wird hier auf die Berücksichtigung von Zulieferunternehmen der Medizintechnik, deren Produkte entweder nicht als Medizintechnik i. e. S. identifiziert werden können oder lediglich erst in Verbindung mit anderen Produkten zu Gütern gemäß MPG werden. Als Beispiel seien spezielle Softwareprogramme sowie Mess-, Steuerungs- und Regelungstechniken aufgeführt.

Um Entwicklungen einzelner Güter erfassen zu können, bedarf es einer fundierten Aufschlüsselung der Produktgruppen. In Anlehnung an eine Studie des Bundesministeriums für Bildung und Forschung aus dem Jahre 2005 werden hier insgesamt 15 Produktgruppen unterschieden.[6] Es sind dies im einzelnen: Röntgen- und Strahlentherapiegeräte, andere Elektrodiagnosegeräte und –systeme, Therapiesysteme, chirurgische Geräte und Systeme, Implantate und Prothesen, orthopädische Hilfen, Geräte, Vorrichtungen und Fahrzeuge für Gehbehinderte, audiologische Geräte und Systeme, ophthalmologische Geräte und Systeme, zahnärztliche Materialien, Geräte und Systeme, Diagnostika und Reagenzien, Verbandma-

---

6   Vgl. Bundesministerium für Bildung und Forschung (BMBF) (Hrsg.) (2005b).

terialien, Textilien und Produkte aus Kautschuk für den medizinischen Bedarf, besondere Einrichtungen für Kliniken und Arztpraxen, sonstige medizintechnische Geräte und Vorrichtungen sowie Dienstleistungen. Mit Hilfe des Güterverzeichnisses für die Produktionsstatistik können diesen Produktgruppen die einzelnen Güter zugeordnet werden (siehe Tabelle 1).

Eine detaillierte Auflistung aller medizintechnischen Produkte i. w. S. nach der Güterproduktionsstatistik ist im Anhang hinterlegt (Anhang 2). Sie dient der gesamten Arbeit als formales Einteilungsschema, auf das stets zurückgegriffen wird. Benannte Tabelle enthält ferner eine Produktaufgliederung gemäß dem Warenverzeichnis der Außenhandelsstatistik, so dass - je nach Betrachtungsebene der Untersuchung im In- und Ausland - die geeignete Datenbasis herangezogen werden kann.

	Produktgruppe	Einzelne Produkte
1	Röntgen- und Strahlentherapiegeräte	Computertomographen, andere Röntgengeräte, Röntgenröhren und -schirme, Alpha-, Beta-, Gammastrahlengeräte für die Diagnose und Therapie
2	Andere Elektrodiagnosegeräte und -systeme	Magnetresonanzgeräte, Szintigraphiegeräte, Ultraschalldiagnosegeräte, Elektrokardiographen, Endoskope
3	Therapiesysteme	Ultraviolett- und Infrarot-Therapiegeräte, Ultraschalltherapiegeräte, Dialysegeräte, Mechanotherapiegeräte, Geräte für Therapiegasbehandlung, Beatmungsgeräte, Anästhesiegeräte, Transfusions- und Infusionsgeräte
4	Chirurgische Geräte und Systeme	Scheren, Zangen, Skalpelle und andere chirurgische Instrumente, chirurgisches Catgut und Nahtmaterial, sterile Klebstoffe, Laminariastifte, Nadeln Spritzen, Katheter und Kanülen
5	Implantate und Prothesen	künstliche Gelenke, Augenprothesen, andere künstliche Körperteile und Organe, Gefäßstützen (Stents), Herzschrittmacher, Hörgerätimplantate
6	Orthopädische Hilfen, Geräte, Vorrichtungen und Fahrzeuge für Gehbehinderte	Schienen, Bandagen, Orthesen, Gehhilfen, Roll(fahr)stühle
7	Audiologische Geräte und Systeme	Hörgeräte, Hörbrillen und Zubehör für Schwerhörigengeräte (keine Hörgerätimplantate)
8	Ophthalmologische Geräte und Systeme	Ophthalmologische Diagnose- und Messgeräte, ophthalmologische Lasergeräte, Optikerwerkstattgeräte, Sehhilfen (Kontaktlinsen, Brillen)
9	Zahnärztliche Materialien, Geräte und Systeme	Zahnzement, Zahnfüllstoffe, Dentalwachs, Zahnabdruckmassen, Zahnprothesen, Modelliergeräte, Bohrer, Poliergeräte, Absaugvorrichtungen, Zangen, Mundspiegel und andere zahnärztliche Instrumente (keine Dentalstühle)
10	Diagnostika und Reagenzien	In-vivo- und In-vitro-Diagnostika, Kontrastmittel für Diagnoseverfahren (keine Diagnostika-Geräte, soweit sie nicht mit dem Reagenz verbunden sind)
11	Verbandmaterialien	Pflaster, Verbandmaterial aus Mull, Zellstoff, Watte, Vliesstoff, auch mit medikamentösen Stoffen überzogen, ausgestattete Erste-Hilfe-Behältnisse
12	Textilien und Produkte aus Kautschuk für den medizinischen Bedarf	Watte und Spinnstoffe für medizinische Zwecke, chirurgische Handschuhe, Präservative und andere Produkte aus Weichkautschuk für medizinische Zwecke
13	Besondere Einrichtungen für Kliniken und Arztpraxen	Dentalstühle, Untersuchungs- und Behandlungstische und -sessel für Röntgenapparate, Operationstische, Betten, Tragen, Bahren für den Einsatz im medizinischen und chirurgischen Bereich
14	Sonstige medizintechnische Geräte und Vorrichtungen	u. a. Sterilisierapparate, Blutdruckmessgeräte, Herzfrequenzmonitore, Absaugpumpen, Generatoren, Gipsscheren, Saugglocken, Pulsmesser, medizinische Roboter, Defibrillatoren, Fremdkörpersuchgeräte, Perkussionshammer, ausgerüstete Arztkoffer
15	Dienstleistungen	Installation, Instandhaltung und Reparatur von medizintechnischen Geräten und Instrumenten

Tabelle 1:   Medizintechnik im weiteren Sinne nach Produktgruppen[7]

---

[7]   Quelle: Eigene Darstellung in Anlehnung an Bundesministerium für Bildung und Forschung (Hrsg.) (2005b), S. 16-17.

1.3 Vorgehensweise und Gliederung

Um eine fundierte Analyse der Entwicklungen des Marktes für Medizintechnik darstellen zu können, bedarf es einer umfassenden Literaturrecherche. Ohne den Blick zurück in die Geschichte ist es kaum möglich, Gegenwart und Zukunft des Marktes zu begreifen und zu erfassen. Dieser Intention folgt Kapitel 2. Die Geschichte der Medizintechnik und ihres Marktes wird hier beleuchtet. Der Markt existiert - wie alle Märkte - über seine Produkte. Deren Bedeutung soll entsprochen werden, indem ein geschichtlicher Abriss ihrer Entwicklung aufbereitet wird. Angesichts des vielfältigen Produktspektrums der Medizintechnik wird eine Fokussierung auf die Medizintechnik i. e. S. vorgenommen, sowie eine Einteilung in medizintechnische Diagnostik- und Therapeutikinstrumente vollzogen. Infolge der teilweise weit in die Vergangenheit zurückreichenden medizintechnischen Wurzeln, konnte der Kontakt zum medizinhistorischen Institut der Universität Erlangen-Nürnberg sowie dem MedArchiv der Siemens Medical Solutions AG in Erlangen wertvolle Quellen eröffnen. Angesichts der Heterogenität des Marktes ist eine allumfassende Darstellung der historischen Entwicklung der Medizintechnikbranche an sich im Rahmen dieser Arbeit nicht möglich. Doch wird am Beispiel der Entwicklung der elektromedizinischen Industrie Deutschlands ein für die gesamte Branche signifikannter Werdegang dargestellt werden, welcher den Markt bis in die Gegenwart hinein prägt. Eine entsprechende auf diesem Buch basierende PowerPoint Präsentation stellt eine kurze Zusammenfassung der geschichtlichen Entwicklungen dar. Sie ist unter http://www.gm.wiso.uni-erlangen.de/buecher/mz abrufbar.

Mit der Analyse des Status Quo des medizintechnischen Marktes und seiner Industrie zu Beginn des 21. Jahrhunderts befasst sich Kapitel 3. Zugunsten einer realistischen Einschätzung des Marktes wird - zusätzlich zur Medizintechnik i. e. S. - die Abgrenzung der Medizintechnik i. w. S. herangezogen. Eingebettet in eine externe Branchenumwelt wird in einem ersten Schritt dieses Umfeld mittels einer kurzen Makroanalyse betrachtet. Um eine Vorstellung der wirtschaftlichen Position des Marktes zu erhalten, bedarf es weiterhin einer quantitativen Analyse der Branchenstruktur. Von der Unternehmensstruktur über die Produktion hin zu Inlandsnachfrage und Außenhandel wird eine Branche in Zahlen gefasst. Hierbei wird insbesondere hinsichtlich einer aktuellen Erfassung des Status Quo des medizintechnischen Marktes darauf geachtet, Quellen neueren Datums zu beziehen. Daten des Statistischen Bundesamtes, der OECD sowie von Eurostat wurden als Primärquelle genutzt. Auch der Kontakt zur Pressestelle von Siemens Med. sowie Kontakt zu einschlägigen Verbänden der Medizintechnik (z. B. BVMed, ZVEI) unterstützten die Markterfassung. Ferner wird in dem Kapitel analysiert, inwieweit diese Industrie zwischen Regulierung und Marktwirtschaft steht. Aus Sicht der Produzenten der medizintechnischen Güter wird diesen Fragen nachgegangen. Auf Basis dieser Erkenntnis wird im Folgenden erörtert, inwieweit Medizintechnik als Kostentreiber oder Nutzbringer die Handlungsmöglichkeiten der Hersteller beeinflusst.

Die bis dahin dargestellten Ergebnisse aus Vergangenheit und Gegenwart ermöglichen es, im Kapitel 4, einen Blick in die Zukunft zu wagen. So wird die zukünftige Nachfrage nach medizintechnischen Produkten erörtert und infolge einer kleinen literarischen Zusammenschau, mögliche zukünftige Forschungstrends und Produkte vorgestellt. Auf die Frage, wie der Medizintechnikmarkt von morgen aussehen könnte, werden zwei diametral entgegengesetzte Szenarien Antworten geben.

Kapitel 5 beschließt das Buch mit einem Überblick. Es fasst noch einmal die wesentlichen Aussagen und Ergebnisse der Analyse der Entwicklungen auf dem Markt für Medizintechnik im Wandel der Zeit zusammen. Folgende Abbildung spiegelt den Aufbau des Buches nochmals graphisch wider (vgl. Abbildung 1).

Definition und Abgrenzung der Medizintechnik und ihres Marktes (Kapitel 1)

Geschichte der Medizintechnik und ihres Marktes (Kapitel 2)	Markt für Medizintechnik am Beginn des 21. Jh. (Kapitel 3)	Zukunft des Marktes für Medizintechnik (Kapitel 4)

Ausgewählte medizintechnische Instrumente zur Diagnostik und Therapie sowie ihre historische Entwicklung Branchenbeispiel der elektromedizinischen Industrie Deutschland	Analyse der Makroumwelt Analyse der Branchen-struktur Ökonomie der Medizintechnik Erfolgsursachen des Medizintechnikmarktes	Entwicklung der zukünftigen Nachfrage nach Medizintechnik Forschung im neuen Jahrtausend Zwei Szenarien der zukünftigen Entwicklung des Marktes

Schlussbetrachtung (Kapitel 5)

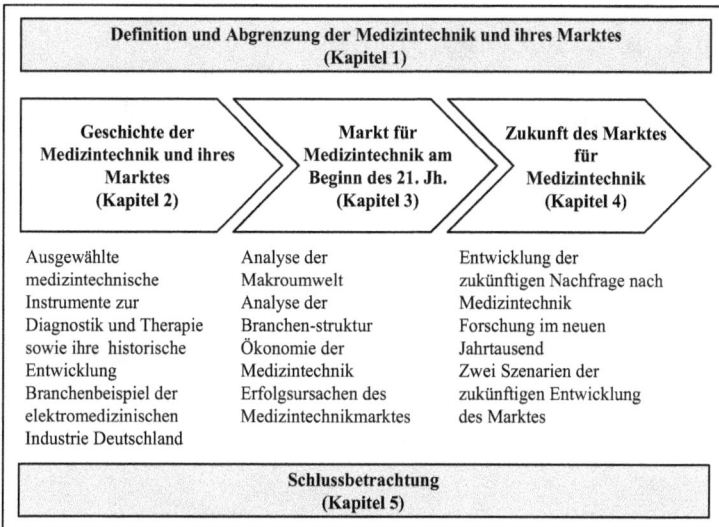

Abbildung 1:   Graphische Darstellung der Gliederung[8]

---

[8]   Quelle: Eigene Darstellung.

2 Geschichte der Medizintechnik und ihres Marktes

2.1 Von Produkten zu Märkten - Eine beispielhafte Darstellung

Seit Anbeginn der Menschheit finden sich Zeugnisse darüber, dass der Mensch - als biologisches Mängelwesen - seine natürliche Bedürftigkeit mittels technischer Instrumente und Geräte zu kompensieren versuchte.[9] Auch die ars medicina, die ärztliche Kunst, bediente sich seit jeher der technischen Hilfsmittel, wie sie zu den unterschiedlichsten Zeiten zur Verfügung standen. Ärztliche Instrumente sind in nahezu allen Perioden der Menschheitsgeschichte zu finden. Die Geschichte der Medizintechnik ist untrennbar mit den Fortschritten auf den Gebieten der Mechanik, Elektrik, Elektronik und - in neuester Zeit - der Informatik verknüpft, wobei sich die jeweiligen Techniken weniger untereinander ablösen, als vielmehr gegenseitig ergänzen.[10] In diesem Kapitel steht die geschichtliche Entwicklung der medizintechnischen Produkte und ihres Marktes im Vordergrund. Hinweise auf die jeweiligen physikalischen Funktionsweisen der Apparate stehen hierbei nicht im Zentrum, werden jedoch auch nicht gänzlich ausgeblendet. Ihre Einbindung in den Text erfolgt dann, wenn sie die chronologische Darstellung der medizintechnischen Entwicklung unterstützen. Den Fortschritt aller medizintechnischen Errungenschaften zu skizzieren lässt sich im Rahmen dieses Buches leider nicht verwirklichen.

Um eine Eingrenzung der Bandbreite des medizintechnischen Feldes vorzunehmen, beschränkt sich dieses Kapitel auf die Medizintechnik im engeren Sinne, ausgenommen spezifischer Fachdisziplinen wie der zahnärztlichen Instrumente sowie der Orthopädie. Ferner erscheint der Versuch sinnvoll u nd übersichtlich, die verbleibenden Wirtschaftszweige 33.10.1 und 33.10.2 in diagnostische und therapeutische sowie spezifische medizintechnische Geräte und Instrumente zu gliedern. Die formale Vorgehensweise der vollzogenen Aufsplittung ist im Anhang dokumentiert (vgl. Anhang 3). Hierbei wurden unter „Diagnostik" alle Produkte subsummiert, welche zur Erkennung von Krankheiten genutzt werden.

---

[9] Vgl. Schipperges, H. (Hrsg.) (1990), S. 152.
[10] Vgl. Konecny, E., Roelcke, V., Weiss, B. (Hrsg.) (2003), S. 12.

Therapeutische Güter hingegen helfen, nach Diagnos eines negativen Befundes, Krankheiten zu behandeln. Unter der Rubrik „Speziell" wurden die Instrumente zusammengefasst, welche aufgrund ihrer Spezifität hier nicht erfassbar waren. Als Resultat dieser Einteilung wird im Folgenden die historische Entwicklung therapeutischer Medizintechnik in den Bereichen Chirurgie, Intensivmedizin sowie der Anästhesie aufbereitet. Für die Skizzierung diagnostischer medizintechnischer Apparate ist nochmals eine zweiteilige Gliederung vorgenommen worden: sie unterscheidet Instrumente der Funktions-, sowie Apparate der bildgebenden Diagnostik (siehe Tabelle 2).

Diagnoseart	Medizintechnische Instrumente und Geräte	
	Bezeichnung	Abkürzung
Funktionsdiagnostik	Stethoskop	Nicht existent
	Elektrokardiograph	EKG
	Phonokardiograph	PKG
	Elektroenzephalograph	EEG
	Elektromyograph	EMG
	Magnetokardiograph	MKG
	Magnetoencephalograph	MEG
	Superconducting Quantum Interference Device	SQUID
Bildgebende Diagnostik	Endoskop	Nicht existent
	Röntgenapparat	Nicht existent
	Single-Photon Emission Computer Tomograph	SPECT
	Positronen-Elektronen-Tomograph	PET
	Szintigraph	Nicht existent
	Ultraschall/ Sonograph	Nicht existent
	Computertomograph	CT
	Magnetresonanztomograph, Kernspintomograph	MRT/ KST

Tabelle 2:   Ausgewählte Medizintechnik der Diagnostik[11]

Der Begriff der Funktionsdiagnostik wurde gewählt, um deutlich zu machen, dass hierunter summierte medizintechnische Geräte, vom Menschen ausgehende Biosignale erfassen, wie etwa Blutdruck oder Herzfrequenz. Die im Rahmen dieses

---

[11]   Quelle: Eigene Zusammenstellung.

Kapitels behandelten Instrumente wie Elektrokardiograph, Phonokardiograph, Elektroenzephalograph, Elektromyograph sind dabei abgekürzt angegeben. Bildgebende Diagnoseverfahren wiederum orientieren sich an der Sichtbarmachung der sich im Inneren des Körpers befindlichen Organe. Es sei an dieser Stelle angemerkt, dass trotz der gewählten strengen Einteilung in Diagnostik und Therapie heutzutage an manchen Stellen enge Berührungen beider Bereiche auftreten können und müssen. Etwa auf dem Gebiet der Intensivmedizin sind diagnostische Vorgänge oftmals untrennbar mit therapeutischen Konsequenzen gekoppelt.[12]

Vor dem Hintergrund dieses Grundverständnisses der Historie der ausgewählten Produkte ist es nun möglich, die Entstehung und Entwicklung der Medizintechnikbranche näher zu analysieren. Wo liegen die Wurzeln der wirtschaftlichen Existenz der heutigen Medizintechnik? Welche historischen Akteure, Ressourcen und Rahmenbedingungen ließen den Markt entstehen und sich entwickeln? Die Entstehung der elektromedizinischen Industrie lässt sich als Exempel der gesamten Branche herausziehen, wobei zum Zwecke einer Homogenisierung der Güter ein Schwerpunkt auf die bildgebenden Verfahren gelegt wird. Im Folgenden werden zuerst die diagnostischen medizintechnischen Geräte beleuchtet.

2.2 Ausgewählte medizintechnische Instrumente zur Diagnostik

2.2.1 Funktionsdiagnostische Geräte

2.2.1.1 Anfänge und Übersicht

Schon in frühesten Zeiten erkannten Ärzte, dass physiologische Abläufe im menschlichen Körper Hinweise auf Gesundheit oder Krankheit der Patienten geben konnten. Unter Nutzung der fünf Sinne war es möglich, diese zu erfassen. Die instrumentelle Entwicklung von Diagnoseverfahren, die mit akustischen Wellen, elektrischen Strömen und magnetischen Feldern einhergehen, wird im Folgenden dargestellt. Eine Visualisierungshilfe der zeitlichen Einordnung der einzelnen Geräte bietet Abbildung 2.

---

[12]   Vgl. Goerke, H. (1988), S. 8.

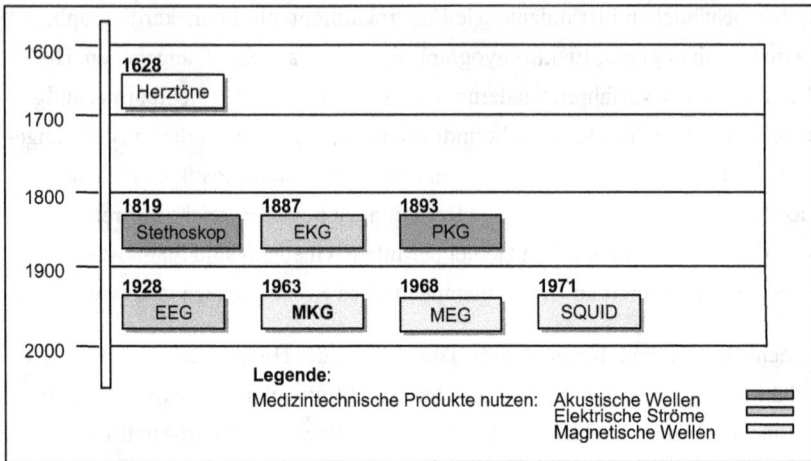

Abbildung 2: Zeittafel ausgewählter funktionsdiagnostischer Apparate[13]

2.2.1.2 Akustische Wellen - Auskultation, Perkussion und PKG

Ein Geräuschphänomen etwa, das bis Mitte des 20. Jahrhunderts als succussio Hippocratis als „Plätschern des Hippokrates" bezeichnet wurde, beschrieb das sich krankhafte Befinden von Flüssigkeit und Luft im Pleuraspalt, welches durch heftiges Schütteln des Patienten diagnostiziert wurde.[14] Im Jahre 1628 entdeckte der englische Arzt William Harvey (1722-1809) neben dem Blutkreislauf auch die Bedeutung der Herztöne. Das Abhören von Körpergeräuschen nennt sich Auskultation. 1761 beschrieb Leopold Auenbrugger seine Beobachtung, dass das Abklopfen der Körperoberfläche infolge unterschiedlichen Gewebes unterschiedliche Schallleistungen erzeugt. Hierdurch wurden Aussagen über Lage und Konsistenz bestimmter Organe und somit auch über Krankheitsprozesse möglich. Diese Form der Diagnosetechnik wird als Perkussion bezeichnet. Beide diagnostischen Untersuchungsverfahren entwickelten sich erst mit Beginn des 19. Jahrhunderts zu wissenschaftlich begreifbaren Methoden.[15]

Mittels der Erfindung des Pariser Arztes René Théophile Hyacinthe Laennec (1781-1826) im Jahre 1819 wurde es schließlich möglich, Schallphänomene im

---

13   Quelle: Eigene Darstellung in Anlehnung an Kresse, H. (1982), S. 133.
14   Vgl. Goerke, H. (1988), S. 19.
15   Vgl. Bley, H. (1994), S. 133.

Inneren des menschlichen Körpers deutlich abzuleiten: das Stethoskop war entwickelt.[16] Herz, Lunge, Darm, Blutgefäße können mittels dieses Instrumentes
abgehört werden. Dies war anfangs sehr einfach aus einem konisch zulaufenden,
zunächst nicht durchbohrten Stück Holz konstruiert. Das Instrument wurde im
Laufe der Zeit zu einer Art Trompetenform modifiziert (vgl. Abbildung 3).

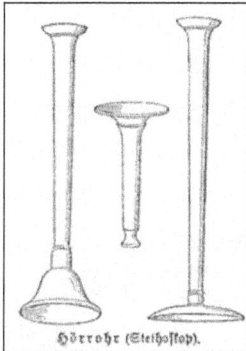

Hörrohr (Stethoskop).

Abbildung 3:   Stethoskope aus dem 19. Jahrhundert[17]

Noch heute wird diese Form in einigen Ländern genutzt. Doch viele der zahl-
reichen Veränderungen des Stethoskops von Laennec bezogen sich nicht auf technische Verbesserungen für die Diagnostik, sondern auf das Design. Ab 1850
führte man das heute noch geläufige Schlauchstethoskop ein, welches aus einer
auf den Körper zu legenden Kapsel mit oder ohne Membran sowie zwei anges-
chlossenen Schläuchen mit Ohrpassstücken besteht.[18]

Auskultation und Perkussion verloren insbesondere durch den verstärkten Einsatz
technischer Hilfsmittel zur objektiven Erhebung von Befunden ihre dominierende
Stellung.[19] So etwa wird heute in der Praxis weitgehend das elektronische Stethoskop mit elektroakustischem Wandler und Verstärker genutzt (vgl. Abbildung 4). Die charakteristische Form aber blieb bis heute erhalten. Als Berufs-
symbol der Ärzte in der Öffentlichkeit wird es wohl noch lange erhalten bleiben.

---

[16]   Vgl. Reiser, S. J. (1978), S. 23-44.
[17]   Bildquelle: http://de.wikipedia.org/wiki/Stethoskop, (Stand: 24.12.2006).
[18]   Vgl. Duin, N., Sutcliffe, J. (1993), S. 53.
[19]   Vgl. Goerke, H. (1988), S. 21.

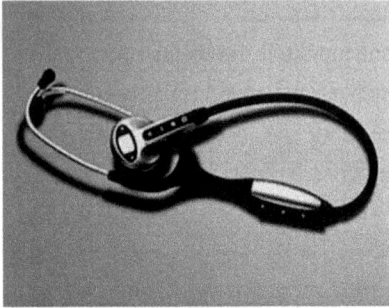

Abbildung 4:   3M™ Littmann® elektronisches Stethoskop Modell 4000[20]

2.2.1.3 Elektrische Ströme – EMG, EKG, EEG

Viele physische Prozesse im Menschen erfolgen mittels elektrischer Ströme. Da sie vom Körper selbst erzeugt werden, nennt man sie bioelektrische Ströme.[21] Ende des 18. Jahrhunderts entdeckte Luigi Galvani (1737-1798) die elektrische Reizbarkeit der Muskulatur. Doch erst 1843 gelang dem italienischen Physiologen Carlo Matteucci (1811-1868) der Nachweis, dass bei jeder Muskelbewegung charakteristische, elektrische Reaktionen auftreten.[22] Das wichtigste Instrument für diese Aufzeichnung war das Kymographion, ein mit Ruß geschwärzter Zylinder, der sich gleichmäßig drehte und auf den mit einer Feder die mechanisch abgenommenen physiologischen Veränderungen übertragen wurden. Heute erfolgt die Messung der Muskelaktionsströme entweder direkt über Nadelelektroden oder indem sie von der über einem Muskel liegenden Haut abgeleitet werden. Dieses Gerät der Diagnostik von Funktionsströmungen des untersuchten Muskels nennt sich Elektromyograph (EMG). Insbesondere Neurologen bedienen sich dieser Methode. Das EMG fand allerdings im Vergleich zu anderen Aufzeichnungsgeräten nicht so weite Verbreitung.

Von besonderer Bedeutung erweisen sich vielmehr zwei weitere Verfahren der Erfassung bioelektrischer Signale: zum einen der Elektrokardiograph (EKG), zum anderen der Elektroencephalograph (EEG). Seit Beginn der 30er Jahre des 20. Jahrhunderts gilt das EKG als ergiebigstes Hilfsmittel bei der Erkennung und

---

[20]   Bildquelle: http://cms.3m.com/cms/CH/de/0-38/FkzFEU/view.jhtml, (Stand: 16.12.2006).
[21]   Vgl. Dössel, O. (2002), S. 79.
[22]   Vgl. Goerke, H. (1988), S. 97.

Beurteilung von Herzkrankheiten. Mit Hilfe eines sogenannten Kapillar-Elektrometers erfasste erstmals im Jahre 1876 der französische Physiologe Etienne Jules Marey (1830-1904) den elektrischen, kurvenförmigen Ablauf des Herzens bei einem Frosch. Das erste EKG zeichnete Auguste Desire Waller im Jahre 1888 in London auf. Dieses Gerät war äußerst kompliziert: bestehend aus einem mit Quecksilber und Schwefelsäurelösung geschichteten Rohr. Es zeichnete sich durch große Ungenauigkeit aus. Diesen Schwierigkeiten begegnete Willem Einthoven (1860-1927), ein holländischer Physiologe. 1903 ersetzte er das Kapillar-Elektrometer durch ein Saitengalvanometer. Mit dieser Konstruktion gilt er bis heute als Begründer der praktisch brauchbaren Elektrokardiographie. Seine Kurvendarstellung im zweidimensionalen Raum besitzt bis heute ihre Gültigkeit.[23] 1911 gelang die erste Aufzeichnung mittels eines sogenannten Spulengavanometers. Die Berliner Firma Siemens & Halske stellte im Jahre 1911 einen Elektrokardiographen her, welcher mit einem Saitengalvanometer in Verbindung mit einem Oszillographen arbeitete.[24] 1918 existierte bereits die Beschreibung der Diagnostizierbarkeit des Herzinfarktes im EKG. Einen Vorderwand- und Hinterwandinfarkt abzulesen, war bereits 1929 möglich.[25] Infolge der Einführung von Röhrenverstärkern aus der Rundfunktechnik wurde das EKG entscheidend verbessert: es konnte eine etwa 1000fache Verstärkung des Herzaktionsstroms erzielt werden, was sich unmittelbar auf eine genauere Aufzeichnung der Kurve auswirkte. 1929 kamen erste transportable Geräte mit Batteriebetrieb auf den Markt. Bis 1945 erfolgte die Aufzeichnung der Kurven mit Lichtschreibern auf Fotopapier. Dieses musste erst in der Dunkelkammer entwickelt werden, bis es ausgewertet werden konnte.[26] Thermoschrift oder Flüssigkeitsstrahlschreiber folgten erst später. Die Einführung automatischer EKG-Auswertesysteme in den 60er Jahren ermöglichte eine Erleichterung der Kurvenauswertung. Kleine Digitalrechner speichern den Kurvenverlauf in Form von Zahlentabellen über einen längeren Zeitraum. Speziell für kontinuierliche Langzeit-EKG-Aufnahmen war diese Entwicklung von großem Nutzen.

---

[23] Vgl. Winau, R. (1993a), S. 159.
[24] Vgl. Budde, K. (1996), S. 184.
[25] Vgl. Winau, R. (1993a), S. 164.
[26] Vgl. Goerke, H. (1988), S. 97.

Fast 40 Jahre nach Einführung des ersten EKGs setzte die Entwicklungslinie eines wieteren, auf elektronischer Spannung beruhenden Produktes ein: dem Elektroencephalographen (EEG). Es basiert auf der Messung von Aktionspotentialen von Hirnströmen. Das EEG ermöglicht die Zuordnung der Arbeit von Neuronen bestimmter Hirnregionen.[27] Vorarbeiten für diese Technik leistete bereits Emil Du Bois-Reymond sowie der Engländer Richard Caton, welcher 1875 Tieren nichtpolarisierte Elektroden an die Gehirnoberfläche anbrachte und mit Hilfe eines Galvanometers die elektrische Hirntätigkeit maß. Direkt mit dem Begriff EEG aber verbindet man den Jenaer Psychiater Hans Berger (1873-1941), der seit 1924 systematisch EEG-Untersuchungen an Menschen durchführte. Mittels verschiedener Arten von Elektroden und Saitengalvanometer registrierte er zum ersten Mal menschliche Gehirnströme.[28] Ebenso wie beim EKG erfolgte nach Einführung der Thermoschrift bzw. des Flüssigkeitsschreibers 1945 eine Kurvenübertragung auf einen Oszillographen. Die ersten praxistauglichen Geräte wurden 1950 auf dem Markt eingeführt.[29] Erwähnt sei die Tatsache, dass seit jeher strikt zwischen Messung und Interpretation unterschieden wird, so dass bei Anpassungen an neuere Forschungsergebnisse die Geräteausstattung nicht neu ausgetauscht werden muss.

2.2.1.4 Magnetische Ortung – MKG, MEG, SQUID

So bedeutend die elektrischen Messungen im Rahmen der Diagnose sind, so wichtig ist es darauf hinzuweisen, dass die Abbildung der Ströme infolge unterschiedlicher Einflüsse der Körperstruktur verzerrt werden können. Allein Magnetfelder der Körperströme werden - bis auf das sich im Körper befindliche Eisen - nicht verzerrt. Erst im Jahre 1963 gelang es Gerhard M. Baule und R. McFee, die Magnetfelder bioelektrischer Ströme des Herzens aufzuzeichnen.[30] Entsprechend erwuchs der Name Magnetokardiographie (MKG). Die Erfassung erfolgte bis dahin auf großen rauschenden Spulen. Für die Erfassung der Magnetfolgen der Hirnströme mittels des Magnetoencephalogramms (MEG) waren diese Spulengeräusche zu laut: die Signale gingen fast völlig unter. Dies musste 1968 David Cohen erkennen, als er das Magnetoenzephalogramm detektierte. Das 1971 durch J. Zimmermann eingeführte SQUID-Verfahren (Superconducting Quantum

---

[27] Vgl. Bley, H. (1994), S. 154.
[28] Vgl. Cooper, R., Osselton, J.W., Shaw, J.C. (1978), S. 1.
[29] Vgl. Bley, H. (1994), S. 134.

Interference Device) ermöglichte die Erfassung dieser äußerst schwachen biomagnetischen Felder.

2.2.2 Bildgebende Verfahren

2.2.2.1 Anfänge und Übersicht

Der Wunsch, ins Innere eines menschlichen Körpers blicken zu können, war Ärzten lange Zeit nur „post mortem" möglich. Infolge des Sezierens einer Leiche gelang eine detaillierte Betrachtung gesunder und kranker innerer Organe. Es mussten Verfahren gefunden werden, die Diagnosen im lebenden menschlichen Körper gestatteten. Dieses Bedürfnis der Ärzte erwuchs nicht nur aus wissenschaftlicher Neugierde, sondern erwies sich als unabdingbar, als die Todesraten weniger durch infektiöse Epidemien sondern durch Herz- und Kreislaufversagen und Krebs bestimmt wurden. Abbildung 5 gibt einen Überblick über die im Folgenden dargestellten medizintechnischen Instrumente und Geräte zum „Hineinschauen, Durchleuchten und Inscheibenschneiden"[31].

---

[30]   Vgl. Dössel, O. (2002), S. 80.
[31]   Bley, H. (1994), S. 225.

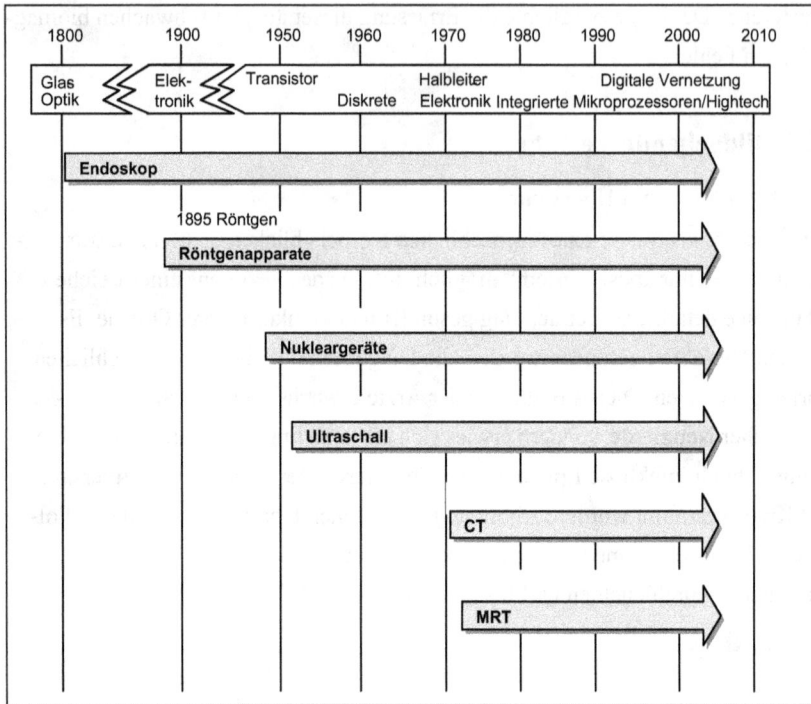

Abbildung 5:   Zeittafel ausgewählter diagnostischer Verfahren[32]

Es wurde eine chronologische Bearbeitung gewählt: Von der Endoskopie mit den ältesten Wurzeln über röntgen- und nuklearmedizinischen Geräten bis hin zu Schall- und magnetischen Apparaten. Der CT als Gerät der Röntgentradition wird in der Graphik separat angeführt, um seine wie sich zeigen wird, bedeutende Stellung innerhalb der bildgebenden Verfahren hervorzuheben. Für eine qualitative Betrachtung der angeführten medizintechnischen Geräte findet sich im Anhang eine kurze Übersicht ihrer jeweiligen Vor- und Nachteile im Vergleich wieder (vgl. Anhang 4).

2.2.2.2 Endoskopie - Vom Spiegel zum Endoskop

„Einblicke zu nehmen in die inneren Hohlräume des menschlichen Körpers"[33] - dies ist das Charakteristikum eines Endoskops. Über natürliche Körperöffnun-

---

[32]   Quelle: Eigene Darstellung nach Stehr, H. (1993b), S. 328.
[33]   Vgl. Goerke, H. (1988), S. 53.

gen oder sehr kleine chirurgische Zugänge gelingt es, innere Organe oder Körperhöhlen in Verbindung mit Vergrößerungseffekten anatomisch abzubilden. Die Wurzeln der Endoskopie reichen bis in das Jahr 400 vor Christus zurück, als Hippokrates den menschlichen Darmausgang mittels eines sogenannten Speculums (lat.: Spiegel) untersuchte.[34] Im alten Griechenland und noch im römischen Reich nutzten Ärzte diese röhrenartigen Instrumente, welche mittels Schraubmechanismen in der Lage waren, die zu untersuchenden Körperöffnungen hinreichend zu dehnen. Angewandt wurden sie für Gehörgänge, Nasenlöcher, After oder die weibliche Scheide. Diese Specula sind selbst heute noch in nur leicht veränderter Form sowie aus anderem Material gefertigt im Einsatz.

Unabdingbare Voraussetzung jedes Einsatzes war eine Lichtquelle, welche die betrachteten Regionen im Körper ausleuchtete. Über die Nutzung künstlicher oder natürlicher Lichtquellen im Altertum gibt es keine Aussage. Erst 1806 erfuhr der Weg der endoskopischen Anwendung eine neue Dynamik: Philip Bozzini erfand den sogenannten „Lichtleiter", einen Beleuchtungsapparat, welcher mittels künstlicher Lichtquelle, natürlichem Kerzenlicht sowie geschickt angeordneter Spiegel funktionierte. Hiermit gelang es Bozzini, den Gebärmutterhals zu beobachten. Die erste Magenspiegelung, Gastroskopie genannt, wurde 1868 von dem Mediziner Adolf Kussmaul (1822-1902) durchgeführt. Mit einer starren, geraden Röhre und einer Kerze als Beleuchtung, blickte er in den Magen eines Schwertschluckers, der es gewohnt war, Mundhöhle, Rachen, Speiseröhre und Mageneingang infolge einer bestimmten Kopf- und Körperhaltung in eine Gerade zu bringen.[35]

Maximilian Nitze (1848-1906), der als Begründer der Zystoskopie gilt, und J. Leiter entwickelten 1877 ein neuartiges Urethroskop, ein Gerät für den Blick in die Harnröhre.[36] Als Lichtquelle nutzten sie einen glühenden Platindraht. Von starren Röhren und mangelhaften Lichtquellen zu flexiblen HighTech Instrumenten mit optimaler Beleuchtung war es aber noch ein weiter Weg. Die Entwicklung maßgeblich beeinflusst haben das Bedürfnis nach einer Anpassung an anatomischen Gegebenheiten des Menschen, nach funktionierender Handhabung der Geräte sowie schließlich die Erfindung der Glühlampe durch Thomas Edison

---

[34] Vgl. Dössel, O. (2002), S. 59.
[35] Vgl. Goerke, H. (1988), S. 53-54.

(1847-1931) im Jahre 1878. Kleine Glühlampen konnten bereits in Zystoskope eingebaut werden.

Ein bis Ende der 50er Jahre in vielen Krankenhäusern genutztes Gastroskop war das nach seinen Entwicklungen genannte „halbstarre Wolf-Schinlersche" aus dem Jahre 1932. Mit Einsetzen der Entwicklung der Glasfibertechnik gelangte auch die Entwicklung von Endoskopen in eine neue Phase. 1957 entdeckte Basil Hiroskowitz die Übertragbarkeit von Bildern durch Glasfaserbündel und entwickelte das erste Glasfibergastroskop.[37] Die Fiberendoskope fanden eine rasche Verbreitung, nachdem Harold H. Hopkins als erster Ketten von Stablinsen zur Bildübertragung einsetzte. Die Qualität der Bilder starrer Endoskope wurde 1959 deutlich verbessert. Doch erst mit der einsetzenden digitalen Elektronik und Videotechnik in den 80/90er Jahren gelang es, die Bildinfos von Endoskopiesystemen in gestochen scharfer Qualität zwei- oder dreidimensional auf Monitoren darzustellen. Mittels mikroelektrischer Sensoren an der Spitze der Endoskope werden die elektrischen Impulse auf dem Bildschirm abgebildet. 1987 wurde das Videoendoskop mit Kamera am Okular entwickelt (vgl. Abbildung 6). 1996 begann das Zeitalter der photodynamischen Diagnostik.[38]

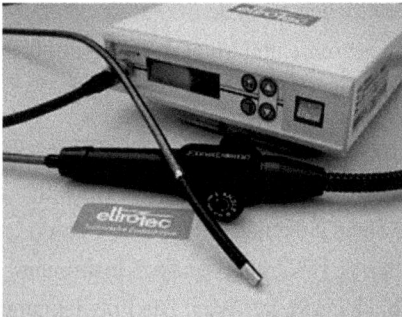

Abbildung 6:   Video-Endoskop[39]

---

[36]   Vgl. Dössel, O. (2002), S. 75.
[37]   Vgl. Goerke, H. (1988), S. 54.
[38]   Vgl. Dössel, O. (2002), S. 76.
[39]   Bildquelle: http://www.eltrotec.com/Seiten/Video-Endoskope/d/video-endoskope.htm, (Stand: 03.11.2006).

2.2.2.3 Röntgen - Vom klassischen Verfahren zum CT

„Über eine neue Art von Strahlen" - mit dieser wenig spektakulären Mitteilung in den Sitzungsberichten der physikalisch-medizinischen Gesellschaft in Würzburg setzte eine revolutionäre Zäsur bisheriger Medizingeschichte ein. 1895 entdeckte Conrad Wilhelm Röntgen (vgl. Abbildung 7) die nach ihm benannte Röntgenstrahlung, auch X-Strahlung genannt. Diese Strahlung durchdringt Stoffe geringer Dichte, wie etwa unsere Haut oder Muskeln, doch nicht, wenn sie auf Stoffe mit hoher Dichte trifft, wie etwa Knochen. Auf mit Zinksulfid beschichteten Leuchtschirmen können die grünlich leuchtenden Röntgenstrahlen die jeweiligen Konturen abbilden.

Abbildung 7:   Wilhelm Conrad Röntgen (1845-1923)[40]

Das erste Röntgenbild zeigte die Hand von Röntgens Frau. Überall arbeiteten Mediziner in den nun folgenden Jahren mit dieser diagnostischen Technik (vgl. Abbildung 8). Die Röntgendiagnostik schien zu Beginn der 70er Jahre ihre Entwicklungsgrenzen erreicht zu haben. In fast jedem Bereich der klinischen Medizin fand sie bereits ihre Anwendung und Vervollkommnungen waren nur noch auf Basis der Bedienungsfreundlichkeit der Geräte denkbar. Doch es regte sich unter den damaligen Radiologen der Wunsch, nicht nur Schattenbilder auszuwerten, sondern ohne invasive Eingriffe im Körper, nur schwer erreichbare Regionen erkennen zu können: sie wollten das „davor" und „dahinter"[41] abbilden können, eine Art 3D-Abbildung des Körpers schwebte ihnen vor.

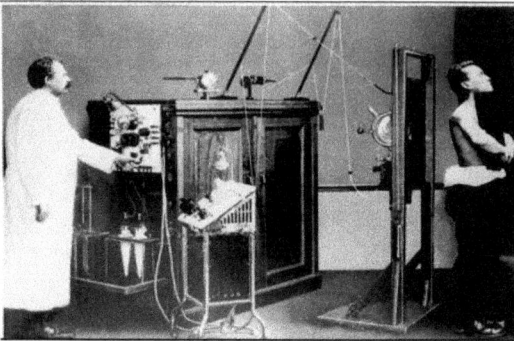

Abbildung 8:   Erster Röntgenapparat von Reiniger, Gebbert & Schall (1896)[42]

Bereits 1963 publizierte Allan MacLeod Cormack aus Kapstadt die Grundidee der Computertomographie. Doch erst als in den 70er Jahren digitale integrierte Halbleiter ausgereift waren, konnte eine Verbindung zwischen Röntgentechnologie und Computer geschaffen werden. Eine völlig neue Art der Bilddarstellung war nun möglich. 1972 gelang es Godfrey N. Hounsfield und Janes Ambrose, diese neue Technik zur klinischen Anwendungsreife zu entwickeln.[43] Mit ihr war es nun möglich, Röntgenschnittbilder senkrecht zur Körperachse zu erzeugen. Gebündelte Röntgenstrahlen von der Dicke eines Schreibstiftes[44] werden wie eine Art Fächer durch den Körper geschickt und bei ihrem Austreten auf der Körperrückseite nicht durch einen Röntgenfilm, sondern durch einen Detektor aufgefangen, der die Schwäche des Strahlenbündels feststellt und sie an den Computer übermittelt.[45] Dabei rotiert die Röhre um den Patienten und erstellt ein Schnittbild. Die Computertomographie war geboren, obgleich die ersten Bilder wenig aussagekräftig waren und der Computer infolge der Auswertung mehrerer

40 Bildquelle: http://www.drg.de/data/wuerdigungen/galerie/Roentgen.JPG, (Stand: 04.11.2006).
41 Vgl. Dössel, O. (2002), S. 63.
42 Bildquelle: Siemens AG, Medical Solutions (Hrsg.) (2005).
43 Vgl. Kalender, W. (1994), S. 300-301.
44 Vgl. Goerke, H. (1988), S. 92.

100.000 Messwerte zweieinhalb Stunden für die Rekonstruktion des Körpers benötigte.[46] Für zwei Jahre hatte die Firma EMI Ltd. eine Monopolstellung für CT-
Geräte.[47] Doch die Innovation wurde von Ingenieuren in den großen medizintechnischen Untersuchungen vorangetrieben, da die Zukunftsperspektiven glän-
zend aussahen, so dass sich ein Technologiewettlauf entwickelte: Die Aufnahmezeit sank auf 20 Sekunden, die Auflösung erhöhte sich auf 1mm. Bald kämp-
ften die klassischen Medizintechnik-Hersteller General Electrics (GE), Siemens,
Philips mit Toshiba, Hitachi um Marktanteile. 1974 wurde der erste von einem
Medizintechnikunternehmen entwickelte Schädel-CT-Scanner von Siemens vorgestellt: das SIRETOM mit einer Messzeit von 100 Sekunden. Heute können im
Vergleich zu 1978/1979 mit 0,2 Schichten pro Sekunde etwa 193,94 Schichten
erfasst werden.[48] Die Geräte der ersten Generation waren mit 80 Detektoren
ausgestattet. Auf dem Höhepunkt der CT-Entwicklung boten insgesamt 18 Unternehmen ihre Scanner am Markt an. Viele von ihnen waren dem Wettbewerb nicht
gewachsen und zogen sich zurück. 1989 stellte Willi A. Kalender den Spiral-CT
vor, dessen Basis Einführung der Rotationsscanner mit Schleifringtechnologie
war, wie es Siemens und Toshiba 1987 fertigten.[49] Er wurde drei Jahre später zur
Standortmethode für unfallbedingte Kopfuntersuchungen, denn er umgeht für den
Patienten belastende Untersuchungsmethoden wie etwa das Einblasen von Luft in
die Hirnkammern. Auch ist es ihm möglich, bislang noch nicht durchführbare
Untersuchungen zu verwirklichen: so können beispielsweise Knochenkrankheiten
wie etwa Osteoporose infolge der Bestimmung der Knochendichte diagnostiziert
werden. Auf diesem Wege ist eine gezielte Prophylaxe beziehungsweise Therapie
möglich.

1998 wurde die Mehrschichttechnik eingeführt. Gleich vier Medizintechnikunternehmen stellten ihre Geräte vor.[50] Heute gibt es kaum mehr ein größeres Akut-
krankenhaus ohne einen eigenen CT. Im Jahre 2000 entwickelten Siemens und
GE den sogenannten Mehrzeilen-CT, mit dessen Hilfe gleichzeitig mehrere

---

[45] Vgl. Winau, R. (1993a), S. 129-130.
[46] Vgl. Dössel, O. (2002), S. 63.
[47] Vgl. Bautz, W., Busch, U. (Hrsg.) (2005), S. 77.
[48] Vgl. Siemens AG, Medical Solutions (Hrsg.) (2004a), S. 5, 25.
[49] Vgl. Bautz, W., Busch, U. (Hrsg.) (2005), S. 78.
[50] Vgl. Bautz, W., Kalender, W. (2005), S. 78.

Schichten aufgezeichnet werden können.[51] Heute werden die CT-Scanner in sogenannte Multisclice-CT (Mehrschichten-CT), Spiral-CT, Elektronenstrahl-CT
und Volumen-CT untergliedert.[52] Heute gilt der sogenannte 64-Zeiler (Volumen-
CT) als modernster unter seines Gleichen. Er liefert gestochen scharfe dreidimen-
sionale Bilder (vgl. Abbildung 9).

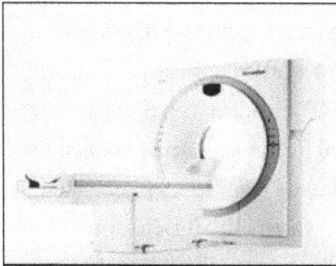

Abbildung 9:   **Somatom Sensation 64 - CT von Siemens**[53]

2.2.2.4 Nukleardiagnostik – Szintigraph, SPECT und PET

Im Gegensatz zu Röntgenaufnahmen, deren Strahlenquelle sich außerhalb des
Körpers befindet, werden für die Bilderzeugung in der Nuklearmedizin Radio-
pharmaka intravenös verabreicht. Von der physikalischen Eigenschaft der Substanzen hängt es ab, ob entweder eine kurzwellige Röntgenstrahlung, Gamma-
strahlung genannt, emittiert wird oder eine Positronenstrahlung.[54] 1934 wiesen
das Physikerehepaar Frederic Joliot (1900-1958) und Irene Joliot-Curie (1897-
1956) die Entstehung radioaktiver Isotope nach. Isotope weisen eine gleiche Anzahl an Protonen, aber eine unterschiedliche Anzahl an Neutronen auf. Unterlie-
gen diese Isotope aufgrund des Protonen-Neutronen Verhältnisses einer spontanen
Kernumwandlung, werden Alpha-, Beta- oder Gammastrahlen freigesetzt. Seit
den 40er Jahren haben radioaktive Isotope auch für die Medizin an Bedeutung gewonnen. Solche Radionuklide, die in den Körper eingeführt werden und sich in
bestimmten Organen anreichern, senden eine Strahlung aus, die von außen gemessen werden kann. Der Messvorgang der Verteilung und Konzentration von Radio-

---

[51]   Vgl. Dössel, O. (2002), S. 65.
[52]   Vgl. Kramme, R. (Hrsg.) (2002b), S. 954.
[53]   Bildquelle: http://www.medical.siemens.com/webapp/wcs/stores/servlet/PressReleaseView?
        langId=-1&storeId=10001&catalogId=-1&catTree=100005,13839&pageId=71359, (Stand:
        03.01.2007).
[54]   Vgl. Braun, B., Pöhlmann, E. (2005), S. 1.

nukliden nennt sich Szintigraphie, da die Darstellung der ausgesandten Gammastrahlen als Flimmerbilder erfolgt.[55]

1952 erfindet Hal O. Anger die erste Gammakamera mit einem Natrium-Jodid-
Kristall. Als Detektor diente noch eine Photoplatte. Digitalrechner zur Signalver-
arbeitung sind dabei unverzichtbar. Denn ähnlich wie in der Röntgentechnik,
wollte man mittels Bildern Tumore extra lokalisieren und vermessen können.[56]
Mit Hilfe einer 1963 zum ersten Mal publizierten Single-Photon-Emission-Computer-Tomographie-Kamera, auch kurz SPECT-Kamera genannt, konnten die
Gammastrahlen der Isotope mittels einer einfachen Rückprojektion erfasst
werden. Hierbei verbreitet ein Computer die Strahlungsmesswerte zu einer gra-
phischen Darstellung, die es ermöglicht, das Anreicherungsverhalten der Substanzen im Körper zu verschiedenen Zeitpunkten abzubilden.[57]

Doch bereits in den frühen 60er Jahren versuchte man, positronenemittierende
Radionuklide zu diagnostischen Zwecken einzusetzen.[58] Während ein CT nämlich
vor allem knöcherne Strukturen des Körpers, ein Kernspingerät die Weichteile
zeigt, lassen sich mit der sogenannten Positronen-Emissions-Tomographie (PET)
Stoffwechselabläufe mit hoher Ortsauflösung von 3-5mm im Körper genau darstellen. Das erste kommerzielle System ging 1976 in Produktion. 2000 gab es ca.
590 PET-Systeme weltweit, in fast allen Großstädten der Industrienationen ist in-
zwischen mindestens ein PET-System vorhanden (vgl. Abbildung 10). 1998
erfolgt die erste Überlagerung von PET-Bildern, so dass sowohl funktionale als
auch strukturelle Infos der Bildgebung ermöglicht werden.[59] 1956 entwickelte
Anger in den USA die Gamma-Kamera. Heute wird versucht, anatomische Loka-
lisation und molekulare Bildgebung zu kombinieren: PET/CT Verfahren aber
auch vorher schon SPECT/CT sind geschaffen worden.[60]

[55] Vgl. Goerke, H. (1988), S. 94.
[56] Vgl. Dössel, O. (2002), S. 66-67.
[57] Vgl. Braun, B., Pöhlmann, E. (2005), S. 1.
[58] Vgl. Hämisch, Y; Eggert, M. (2000), S. 207.
[59] Vgl. Dössel, O. (2002), S. 68.
[60] Vgl. Braun, B., Pöhlmann, E. (2005), S. 2-3.

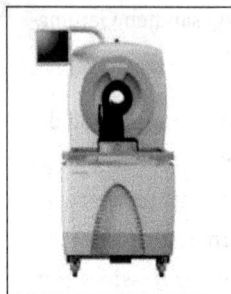

Abbildung 10: Inveon PET-Spezialsystem von Siemens[61]

2.2.2.5 Nutzung von Schall und Magnetsonograph und MRT

Die grundsätzliche Technik des Röntgens findet auch bei der Sonographie Anwendung. Allerdings werden statt Röntgenstrahlen Schallwellen genutzt, deren Frequenzbereich über der Aufnahmefähigkeit des menschlichen Gehörs liegt – oberhalb von 20 kHz pro Sekunde. Ein Ultraschallimpuls wird von einem Sender an verschiedene, hintereinanderliegende Grenzflächen ausgesandt und teilweise reflektiert beziehungsweise durchgelassen. Durch die Messung des zeitlichen Abstands zwischen Schallquelle und Reflexion ist es möglich, den räumlichen Abstand zwischen der Reflexionsfläche zu berechnen. Wie schon bei der Funktionsdiagnostik erkannt, ist die Beurteilung von unzugänglichen Räumen des menschlichen Körpers mittels Schall eine alte diagnostische Methode. Allerdings hat die Entwicklung der Ultraschalldiagnostik erst Anfang der 50er Jahre begonnen.

Die Geburtsstunde der Ultraschallbildung wird auf das Jahr 1952 datiert. John J. Wild und J. H. Reid sowie unabhängig von diesen Douglass H. Howry und W. R. Bliss stellten die ersten 2D-Puls-Echo-Bilder vor.[62] Die Ultraschalltechnik geht auf das Prinzip des Echolots zurück. Erste Versuche der Nutzung des Ultraschalls in der Medizin sind jedoch schon aus den 40er Jahren bekannt. 1953 wurden erste Bilder der weiblichen Brust gemacht, 1957 die ersten Herzbilder. Doch 1956/57 erfolgten erhebliche technische Verbesserungen der Ultraschallgeräte, so dass sie erfolgreich in der Kardiologie eingesetzt werden konnten. Sven Effert konstruierte

---

[61] Bildquelle: http://www.medical.siemens.com/webapp/wcs/stores/servlet/ProductDisplay?storeId=10001&catalogId=-3&langId=-3&productId=168891&catTree=100001,168891, (Stand: 23.12.2006).

[62] Vgl. Dössel, O. (2002), S. 70.

1957 in Zusammenarbeit mit der Firma Kelvin-Huges ein Gerät, mit dessen Hilfe zweidimensionale Schnittbilder hergestellt werden konnten und welches erste Abbildungen eines Kindes im Bauch der Mutter ermöglichte.[63] Als sogenanntes Real-Time-Verfahren werden alle Bilder in Echtzeit dargestellt, ohne invasiven, strahlenbelasteten Eingriffen ausgesetzt zu sein. Um strömende Flüssigkeiten wie etwa Blut im Körper abbilden zu können, werden sogenannte Ultraschalldopplerverfahren eingesetzt.[64] Hierbei wird auf ein von Christian Johann Doppler (1803-1853), einem österreichischen Physiker, entdecktes Phänomen zurückgegriffen, welches besagt, dass Signale, die sich auf den Hörenden zubewegen, in ihrer Tonhöhe zunehmen, beim fortbewegen aber abfallen. Heute ist die Installationsdichte in Deutschland mit etwa 500 Geräten pro einer Millionen Einwohner weltweit die höchste.[65] Hohe Akzeptanz bei den Patienten, vielseitige Anwendbarkeit, hohe diagnostische Aussagekraft gepaart mit beliebiger Wiederholbarkeit, lassen dieses Gerät in neuester Zeit in einer Vielfalt unterschiedlicher Variationen auf dem Markt erscheinen. Neben der Nutzung von Schallwellen können ferner magnetische Wellen Bilder aus dem Körper erzeugen. Doch auch bei der Nutzung von Magnetfeldern war zu Anfangs eine Verbindung zur Medizin nicht augenscheinlich.

1946 entdeckten Felix Bloch und Edward M. Purcell unabhängig voneinander die sogenannte Kernresonanz. Sie erkannten, dass in Atomkernen ein magnetisches Moment und ein Drehimpuls vorhanden sind. Ohne die Vorleistung Issac Insider Raabi von der Columbia-Universität in New York, der schon 1933/34 den Kernspin des Natriums nachwies, wäre diese Entdeckung nicht möglich gewesen.[66] Die Resonanzmethode beruht darauf, dass Wasserstoffkerne in einem Magnetfeld elektromagnetische Wellen bestimmter Frequenzen absorbieren. Augrund dieser Wissensbasis konnte die sogenannte kernmagnetische Resonanzspektroskopie (nuclear magnetic resonance) entwickelt werden, welche die chemische Analyse der Molekularstrukturen ohne deren Zerstörung erlaubt. Sie erlaubt Auskünfte über molekulare Bindungen und ihre Umgebung. Es lassen sich heute so gut wie alle Kerne der chemischen Elemente voneinander differenzieren. Zu Anfang

---

[63]   Vgl. Goerke, H. (1988), S. 95.
[64]   Vgl. Bley, H. (1994), S. 313.
[65]   Vgl. Kolem, H, (2002), S. 255.
[66]   Vgl. Goerke, H. (1988), S. 93.

wurde diese Messmethode ausschließlich in physikalischen und chemischen Labors benutzt. Vereinzelt erfolgten auch schon Untersuchungen an menschlichen Gewebeproben.

1971 entdeckte Raymond Damadian den signifikanten Unterschied der Relaxationszeiten von gesundem und krankem Gewebe. Erst seit Beginn der 70er Jahre wurde die Magnetresonanz für Bildgebungszwecke in der Medizin eingesetzt. Im Jahre 1973 wurde die Bildgebung mittels Kernspinresonanz von Paul C. Lauterbur eingeführt.[67] Statische und veränderbare Magnetfelder werden ausgenutzt, um Messsignale zu gewinnen, die einem Computer zugeführt werden, um Schichtbilder des Körpers zu erzielen. Vergleicht man dieses Verfahren mit der Röntgendiagnostik, so wird keine ionisierende Strahlung eingesetzt, sondern es wird die Energie gemessen, die unter Einfluss eines extern gelegenen starken Magnetfeldes bei der Relaxation auf dem Körper in Form der elektromagnetischen Wellen austritt. Infolge eines hohen Auflösungsvermögens gelang so die Abbildung auch kleinster anatomischer Strukturen. 1976 konnten Peter Mansfield und Andrew A. Mandsley zum ersten Mal das Bild eines Fingers zeigen, 1977 führte R. Damadian die erste Thoraxaufnahme durch.[68] Fünf Minuten etwa dauerte 1980 eine MR-Aufnahme und die Bildqualität war sogar schlechter als beim Röntgen. Nur langsam begannen die großen medizintechnischen Untersuchungen in diese Richtung zu forschen. Es dauerte noch drei Jahre, bis die ersten klinischen Anlagen in Betrieb genommen wurden. Und bereits 1986 dauerte eine Aufnahme nur noch fünf Sekunden bei sich ständig verbessernder Bildqualität.[69] Die Schnittebenen sind beliebig veränderbar, so dass auf anatomische Gegebenheiten Rücksicht genommen werden kann. Waren noch 1994 in Deutschland etwa 300 Magnetresonanztomographen in Betrieb oder in Bau, sind zwischen 1998-2000 etwa 6000 Anlagen neu installiert worden.[70]

---

[67] Vgl. Dössel, O. (2002), S. 72.
[68] Vgl. Bley, H. (1994), S. 331.
[69] Vgl. Dössel, O. (2002), S. 73.
[70] Vgl. Bley, H. (1994), S. 331.

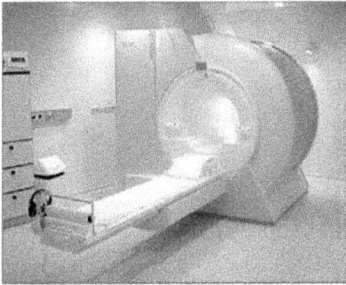

Abbildung 11: Magnetom Harmony von Siemens[71]

In nur 70 Sekunden ist ein moderner MRT in der Lage, ein 3D-Ganzkörperbild zu erstellen (vgl. Abbildung 11). Sein Einsatzgebiet ist heute ein weites Feld: von der Erkennung von Geschwulstbildungen, Veränderungen im Schädel, Untersuchungen der Wirbelsäule in allen Abschnitten, Herzdiagnostik etwa zur Bestimmung der Wanddichte bis hin zu Veränderungen an Blutgefäßen.[72]

2.3 Ausgewählte medizintechnische Instrumente zur Therapie

2.3.1 Chirurgische Instrumente

Die Geschichte der chirurgischen Instrumente ist fast eine der Menschheitsgeschichte. Schädelfunde steinzeitlicher Höhlenmenschen beweisen, dass schon zu Urzeiten Schädelöffnungen (Trepanationen) vorgenommen wurden. Mittels rauer Kieselsteine, die mit der Faust umfasst wurden, konnten Vertiefungen und Mulden in die Knochen geschabt werden. Viele alte Untersuchungsinstrumente zeugen noch heute von Trepanationstechniken der Menschen: Faustkeile, Steinmesser und Feuersteinschaber. Durch medizinische Papyri weiß man einiges über die chirurgischen Instrumente der alten Ägypter. Im Papyrus Edwin Smith etwa ist von Glüheisen die Sprache. Feuersteinmesser, Bronzemesser, Haken, Sonden, Zangen und Pinzetten waren bekannt.[73]

---

[71] Bildquelle: http://www.chirurgie-ohne-messer.de/index.html, (Stand: 23.12.2006).
[72] Vgl. Siemens AG, Medical Solutions (2004b), S. 46.
[73] Vgl. Jetter, D. (1992), S. 18-19; S. 40-41.

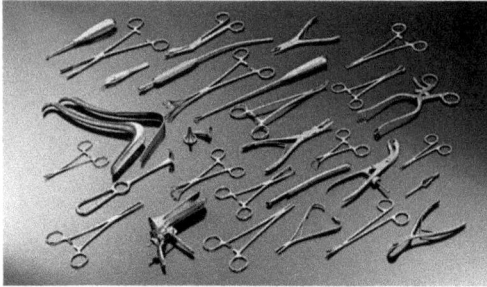

Abbildung 12:   Beispielhafte chirurgischen Standard-Instrumente[74]

Dass Hippokrates als Begründer der klassischen Chirurgie gilt, darf nicht darüber hinweg täuschen, dass die Chirurgie im alten Griechenland fast ohne Einsatz von Messern auskam. Im berühmten „Corpus Hippocraticum", um 300 v. Chr., werden jedoch einige chirurgische Instrumente benannt. Bis ins 19. Jahrhundert änderten sich allein die dekorativen Elemente der Instrumente, die funktionsbedingte Gestalt hingegen blieb im Wesentlichen gleich. Abbildung 12 stellt beispielhaft einige chirurgische Standard-Instrumente dar.

Seit über 300 Jahren werden Flüssigkeiten mit Spritzen in den menschlichen Körper injiziert. Galen (120-199 n. Chr.) etwa verwendete Spritzen aus Röhrenknochen mit Metallstempeln oder Harvey nutzte Metallspritzen zur Injektion von Farbe in die Blutgefäße. Im Wesentlichen gleich aber war immer der Aufbau der Geräte als Rohr mit Kolben und Spitze am offenen Ende gewesen. Der französische Chirurg Dominique Anel entwickelte im Jahre 1713 eine kleine Spritze mit einer sehr dünnen Kanüle, die er zur Behandlung von Tränenkanälen nutze.[75] Immer feiner wurden im Laufe der Zeit die Nadeln. Seit 1850 gibt es sogenannte Ganzglas-Kolben-Spritzen. Wie der Name bereits vermuten lässt, bestanden der gesamte Zylinder und das Ansatzstück aus Glas. Bei Rekordspritzen war bis auf den Zylinder alles aus Metall. Die 1922 entwickelten Insulinspritzen bestehen bereits seit 1970 aus bruchfreiem Kunststoff.[76]

---

[74]   Bildquelle: http://www.rfq.de/chirinstr.htm, (Stand: 01.12.2006).
[75]   Vgl. Duin, N., Sutcliffe, J. (1993), S. 53.
[76]   Vgl. Schmitt, J. M., Beeres, M. (2004), S. 7.

Ein weiteres Instrument, das in Verbindung mit der Chirurgie zu sehen ist, ist der Katheter. Hierunter versteht man ein röhrenförmiges Instrument, das in Hohlorgane eingeführt wird. Geht man in das Jahr 3000 v. Chr. zurück, so ist es kaum zu glauben, dass Ägypter und Griechen in der Lage waren, sogenannte Katheteruntersuchungen durchzuführen. Mittels Bronze-, Silber- oder Goldröhrchen wurden Harnblasen geöffnet. 2600 Jahre später diente ein ausgehöhltes Schilfrohr als erster Katheter. Den Begriff des Herzkatheters prägte jedoch erst der Franzose Claude Bernard im Jahre 1844. Ferner führte sich Werner Forßmann im Selbstversuch einen Katheter bis zum rechten Vorhof ein. Als Charles Dotter im Jahre 1964 mittels eines Katheters eine zufällig verschlossene Vene öffnete, erkannte er das Potential, das von dieser Entdeckung ausging. Er war überzeugt, dass eine Art Schiene, die in eine verengte Vene eingeführt wird, diese für längere Zeit öffnen konnte. Solch eine Gefäßstütze, meist aus Edelmetall hergestellt, nannte er Stent (vgl. Abbildung 13).

Bereits 1977 gelang es dem deutschen Arzt Andreas Grüntzig eine neue Methodik zu entwickeln. Mittels dünner Katheter wird eine Art Ballon bis zu der verengten Herzkranzgefäßstelle geschoben und aufgeblasen. Der Druck dehnt nun die Kalkeinlagerungen der Gefäßwand und die Versorgung des Herzens mit Sauerstoff ist wieder hergestellt. Dieses Verfahren nennt sich Ballondilatation. Die Firma Schneider und Cook übernahm als erste die Produktion dieses Medizintechnikinstruments. Neueste Stentgenerationen sind medikamentenfreisetzende Stents. Sie hemmen zum Einen gezielt das Zellwachstum, ohne zum Anderen die Gefäßwandregeneration zu behindern. Diese Stents werden DES-Stents (drug eluting stents) genannt.[77]

---

[77]   Vgl. Schmitt, J. M., Beeres, M. (2004a), S. 16-18; Kommritz, M. (2004), S. 4-5.

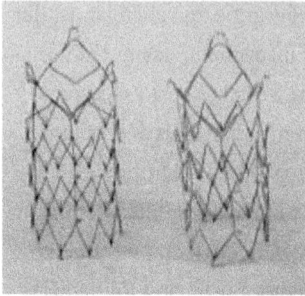

Abbildung 13:   Unterschiedliche Stent-Varianten[78]

Im Zusammenhang mit Spritzen, Kathetern und Infusionen ist das Unternehmen B. Braun aus Melsungen in Nordhessen zu nennen, das speziell im Bereich der Infusionsprodukte Pionierarbeit leistete. Stellte es 1951 die erste Spritzenpumpe zur Dauerinfusion her, lief nur zwei Jahre später die Produktion von Glasinfusionsgeräten an, welche 1956 durch Kunststoff abgelöst wurden. Mit der „Braunüle" gelang die Entwicklung der ersten Kunststoff-Dauerverweilkanüle für Venen.

Eine dem Herzkatheter ähnliche Vorgehensweise betrifft den Herzschrittmacher. Heutzutage gehört er zur Gruppe der Routineoperationen. 1959 wurde er zum ersten Mal von Rune Elmquist und Äke Senning implantiert. Heute kann die Herzfrequenz der modernen Geräte dem physiologischen Bedarf des Patienten angepasst werden. Ende der 80er Jahre wurden Bewegungs- und Temperatursensoren integriert. 1992 gelang es, den ersten Herz-Kreislauf-Schrittmacher einzusetzen. Sein Charakteristikum ist, dass er in die natürliche Regulierung des menschlichen Kreislaufsystems integriert werden kann.

2.3.2 Anästhesie - Narkoseapparat

Die Geburtsstunde der modernen Anästhesie lässt sich auf die Mitte des 19. Jahrhunderts datieren. Der Begriff der Anästhesie jedoch ist sehr alt. Bis ins dritte Jahrhundert vor Christus reichen seine Wurzeln. Galen, ein Arzt im alten Rom, bezeichnete mit diesem Begriff einen Zustand der Empfindungslosigkeit nach der

---

[78]   Bildquelle: http://www.iof.fraunhofer.de/departments/precision-engineering/medical/projects/ stent_content_d.html, (Stand: 26.11.2006).

Verletzung eines Nerves.[79] Bis dahin gab es keine schmerzlose Chirurgie. Das Erleiden und Ertragen der Schmerzen galt seit jeher als unvermeidlich und unüberwindbar. Schon in der Antike war die betäubende Wirkung des Mohnsaftes (Opium) bekannt. Römische Ärzte kochten Alraunen-Wurzeln in Wein, doch war eine wirkungsvolle Dosierung kaum möglich. Sogenannte Schlafschwämme getränkt in schmerzstillende Arzneimittel wurden im Mittelalter angewandt. Schließlich kam in der Neuzeit ein alkoholischer Auszug von Opium und Safran, mit Nelken und Zimt zum Einsatz, doch war auch dieser kaum von Erfolg gekrönt. So biss man vielmehr auf Holz, Stoff oder Leder, um den Operationsschmerz zu ertragen, oder schnürte bei Amputationen die Extremitäten ab. Seit dem 16. Jahrhundert ist Äther bekannt. 1772 wurde die anästhesierende Wirkung von Stickoxydul (Lachgas) erkannt und 1831 wurde schließlich das Chloroform erfunden.[80]

Am 16.10.1846 demonstrierte William Morten im Massachusetts General Hospital in Boston zum ersten Mal eine Operation unter Äthernarkose. In nur acht Monaten ging sie um die ganze Welt. Bereits zuvor arbeitete Morton mit in Äther getränkten Taschentüchern als Narkosetechnik. Man kann mit Recht behaupten, dass die erste Narkose die Geburtsstunde der sogenannten offenen Tropfnarkose war. Doch war er mit dieser Technik nicht zufrieden. Er nutzte deshalb an diesem Tag eine sogenannte Inhalationsflasche. Es handelte sich hierbei um einen Glaskolben mit zwei Öffnungen. Im Inneren befand sich ein mit Äther getränkter Schwamm. Der Patient inhalierte mittels eines Mundstückes die Atemluft durch den Glaskolben hindurch, wobei sich die durchströmende Luft mit dem Ätherdampf vermengte. Auf diesem Prinzip, das sich „draw-over-Prinzip" nennt, beruhte selbst der 1941 entwickelte EMO-Inhalationsapparat von Epstein und Macintosh. Problematisch bei diesem Gerät war jedoch, dass die Rückatmung den Narkoseverlauf nachteilig beeinflusste. Ein in das Mundstück eingebautes Exspirationsventil behob den Nachteil und die folgenden Narkosen verliefen noch erfolgreicher. Andere Chirurgen übernahmen diese Konstruktion.[81]

---

[79] Vgl. Schmucker, P. (2002), S. 167.
[80] Vgl. Pasch, Th., Mörgeli, Ch. (Hrsg.) (1997), S.6, 8, Haeger, K. (1988), S. 190-191.
[81] Vgl. Wawersik, J. (1987), S. 21-26.

1876 führte Thomes Clover (1825-1882) einen Narkoseapparat ein, der es ermöglichte, ein Lachgas-Äther-Gemisch ohne Luftsack quantitativ anzuwenden. Es war
dieser Apparat, der für Jahrzehnte der Prototyp ähnlicher Geräte sein sollte (vgl.
Abbildung 14).

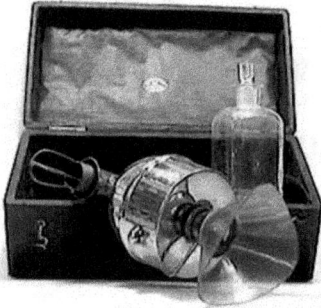

Abbildung 14:   Äther-Inhalationsapparat nach Clover[82]

Neben der offenen Tropfnarkose waren somit einfache, tragbare Inhalationsgeräte
im Gebrauch. Wichtige Meilensteine waren für die Anästhesie die Einschaltung
von Reduzierventilen, die Erfindung von Strömungsmessern, der Einbau eines
Kohlensäureabsorbers sowie die Konstruktion des Narkosekreises. Diese Schritte
vollzogen sich in einem Zeitraum zwischen der Jahrhundertwende und 1925.

Besondere Verbreitung fand der 1867 von Junker entwickelte und nach ihm benannte "Junker'sche Apparat" (vgl. Abbildung 15).

Abbildung 15:   Junkers Narkoseapparat[83]

---

[82]   Bildquelle: http://www.anaesthesia.de/museum/clover.html, (Stand: 09.12.2006).

Er bestand aus einer mit flüssigem Chloroform gefüllten Flasche, in die ein Rohr eingetaucht war, an dessen Ende ein Gummiballon befestigt war. Drückte der Anästhesist den Ballon, so gelangte Luft durch das Chloroform, die durch eine zweite Flaschenöffnung zur Gesichtsmaske der Patienten gelangte. Allerdings kam es immer wieder zu Unfällen wegen des Hochschäumens von Chloroform. Eine Modifikation erfolgte deshalb in Deutschland 1901 von Braun. Sein Gehäuse gab dem Apparat eine handliche Form, so dass er ihn um den Hals tragen beziehungsweise aufhängen konnte und die Hände für Maske und Gebläse frei waren.[84]

Bei der Firma Dräger und nahezu gleichzeitig in der Sauerstofffabrik Berlin entstanden in Deutschland in den Jahren 1901 und 1902 Narkoseapparate für Sauerstoff-Chloroformgemische. Die Sauerstoffflaschen hatten zum ersten Mal ein Reduzierventil. Mittels dieser Ventile konnte das Hauptproblem der quantitativen Dosierung der Narkosegase gelöst werden. Sie bewährten sich über 40 Jahre lang durch Zuverlässigkeit und Robustheit in der Praxis. Der letzte und entscheidende Fortschritt auf dem Weg zum modernen Narkosegerät ist der Firma Dräger zu verdanken. Ihr Apparat Modell A wurde ab 1925 gebaut und war erstmals ausgestattet mit Kreissystem, Kohlensäureabsorber und Überdruckventil.[85]

2.3.3 Intensivmedizin - Herz-Lungen-Maschine

Kaum ein anderer Bereich ist von der Medizintechnik so geprägt, wie die Intensivmedizin. Rund um die Uhr überwachen Geräte die Funktionen der Patienten. 1827 bestimmte Eduard Hering zum ersten Mal die Kreislaufzeit. Das Prinzip der Herzminutenvolumenbestimmung aus Sauerstoffverbrauch und arteriovenöser Sauerstoffdruckdifferenz. Erst mit der Entwicklung und Einführung der Anästhesie im Bereich chirurgischer Operationen entstand das Problem der Überwachung von Patienten.[86]

---

[83] Bildquelle: http://images.google.de/imgres?imgurl=http://www.aerztewoche.at/banner%3Fimage Id%3D2893&imgrefurl=http://www.aerztewoche.at/viewArticleDetails.do%3FarticleId%3D3198& h=140&w=210&sz=6&hl=de&start=1&tbnid=8r3uDaYf1zFunM:&tbnh=71&tbnw=106&prev=/i mages%3Fq%3DJunkers%2BNarkoseapparat%26svnum%3D10%26hl%3Dde%26lr%3D, (Stand: 10.10.2006).

[84] Vgl. Wawersik, J. (1987), S. 27-28.

[85] Vgl. Winau, R. (1993b), S. 58-59.

[86] Vgl. Lawin, P (2002), S. 106.

Eine der wichtigsten Apparate der Medizintechnik stellt die sogenannte Herz-Lungen-Maschine (HLM) dar. Im Jahre 1885 entwickelten Max von Frey und Max Gruber in Leipzig den ersten Vorläufer dieses medizintechnischen Gerätes.[87] Sie sollte helfen, Herz- und Lungenfunktionen eines Menschen zu übernehmen. Erst ein halbes Jahrhundert später liegen die Ursprünge der Herz-Lungen-Maschine der heutigen Zeit. 1954 führte John Heyshan Gibbon (1903-1973) nach 20-jähriger Entwicklungsphase die erste Herz-Lungen-Maschine vor (vgl. Abbildung 16).

Abbildung 16:   Herz-Lungen-Maschine von Gibbon[88]

Mit ihr war es möglich, am offenen Herzen zu operieren. Herz und Lungen wurden dabei vorübergehend aus dem natürlichen Kreislauf ausgeschaltet, das Blut wurde, wie heute, außerhalb des Körpers durch einen Pumpenmechanismus in Zirkulation gehalten und durch Sauerstoffüberträger unter Abgabe von Kohlensäure mit Sauerstoff versorgt. Gibbon hatte das Verfahren bereits seit 1938 im Tierversuch erprobt, bis schließlich ein Gerät entwickelt worden war, das zuverlässig beim Menschen eingesetzt werden konnte. Eine moderne Herz-Lungen-Maschine, wie sie heute so oder ähnlich in jedem Krankenhaus zu finden ist, zeigt Abbildung 17.

[87]   Vgl. Hahn, A., Sieburg, F. (2002), S. 345.
[88]   Bildquelle: http://www.herz-lungen-maschine.de/hlm.htm, (Stand: 18.12.2006).

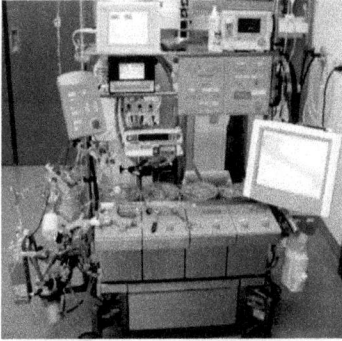

Abbildung 17:   Moderne Herz-Lungen-Maschine S3 der Fa. Sorin/Stöckert[89]

2.4 Branchenbeispiel der elektromedizinischen Industrie Deutschland

2.4.1 Anfänge und erste Unternehmen

Die Geburtsstunde der medizintechnischen Industrie als eigenständiger Markt lässt sich auf das Ende des 19. Jahrhunderts datieren.[90] Als Wilhelm Conrad Röntgen am 8. November 1895 im Physikalischen Institut der mittelfränkischen Universität Würzburg die Röntgenstrahlen entdeckte, konnte er noch nicht ahnen, dass er den Grundstein einer neuen Branche gelegt hatte. Nicht nur, dass er eine neue Form der medizinischen Diagnostik gefunden hatte. Er verzichtete aus der persönlichen Überzeugung, sich an dieser Entdeckung bereichern zu wollen, auf einen Patentantrag, der ihm jegliche Rechte verschrieben hätte. Ihm war es vielmehr wichtig, dass diese neue Technologie zum Wohle der Menschheit eine schnelle Verbreitung fand.[91]

Röntgens menschliche Größe ermöglichte es, dass mehrere deutsche Unternehmen unverzüglich in diesen neuen Wirtschaftszweig einsteigen konnten. Auf Basis ihrer wissenschaftlichen Forschungs- und Entwicklungsabteilung sowie der nötigen Finanzkraft trieben sie die Röntgenentwicklung voran. Man bemühte sich außerordentlich, die Röntgenstrahlen für einen Einsatz in der Medizin nutzbar zu

---

[89]   Bildquelle: http://www.herz-lungen-maschine.de/hlm.htm, (Stand: 16.12.2006).
[90]   Vgl. Klump, R. (1996), S. 193, 204.
[91]   Vgl. Goerke, H. (1988), S. 78.

machen. Die Industrie arbeitete mit den Ärzten als Anwender zusammen. Nur wenige Wochen nach der Veröffentlichung von Röntgens Erfindung gelang es beispielsweise dem Hamburger Carl Heinrich Florenz Müller, seine erste Röntgenröhre zu fertigen. Bereits ein Jahr später, 1896, fasste er als erster Röntgenröhrenhersteller der Welt in dem neuen Markt Fuß.[92] Auch Siemens ließ sich in diesem Jahr eine erste verbesserte Röntgenröhre patentieren.[93] Die ersten industriellen Erzeugnisse erstreckten sich von Röntgengeräten, den zugehörigen Gasentladungs- und Röntgenröhren über Bildwandlersysteme und Dosimeter zur Bestimmung der Strahlenqualität bis hin zu Strahlenschutzeinrichtungen und vielfältigem Zubehör. Die neuen Diagnoseverfahren stießen auf eine hohe Akzeptanz weltweit.

Die Nachfrage nach Röntgengeräten wuchs immer weiter und musste befriedigt werden. Aus diesem Grund wurden neue Unternehmen speziell für diese neue Technik gegründet, wie etwa die Firma Koch und Sterzel in Dresden.[94] Doch auch bereits bestehende Betriebe erkannten die Zeichen der Zeit. Insbesondere Unternehmen, die vor 1895 gegründet wurden, deren Wurzeln im Bereich der Glasbläserei, Elektrotechnik oder Feinmechanik lagen, stand der Weg zur Herstellung elektromedizinischer Apparate offen. Sie kannten entweder die zur Fertigung von Röntgengeneratoren nötige Hochspannungstechnologie, oder aber wussten sich der Vakuumtechnik beim Bau der Röntgenröhren zu bedienen.[95] Die Firma CHF Müller etwa, deren Gründung zum Glasbläserbetrieb im Jahre 1865 erfolgte, avancierte zum Röntgenröhrenbauer. Siemens & Halske in Berlin wiederum ergänzten ihr Produktprogramm und fertigten zusätzlich zu Telegraphenapparaten auch noch elektromedizinische Geräte.[96] Dies bedeutete aber, dass die Fertigungstechnik von vielen Unternehmen nicht gänzlich eigenständig erbracht werden konnte, sondern diese größtenteils auf Spezialfertigungen anderer Industriezweige angewiesen waren.

In den Anfangszeiten stellten die entsprechenden Unternehmen die Produkte handwerksmäßig in Einzelbeständen her. Die Berücksichtigung der Kundenwüns-

---

[92] Vgl. Stamer, W. (2003), S. 10-12, Fehr, W. (1981), S. 7-11.
[93] Vgl. Linde, C. v. d. (1992), S. 273.
[94] Vgl. Bienek, K. H.P. (1994), S. 38.
[95] Vgl. Linde, C. v. d. (1992), S. 273.

che stand an erster Stelle, zumal Röntgengeräte und -zubehör damals üblicherweise auch außerhalb der medizinischen Praxis in den privaten Wohnräumen vermögender Patienten genutzt wurden.[97] Doch bald schon zwang der aufkommende Konkurrenzkampf die Unternehmen zur Reihenfertigung. Die meisten dieser Unternehmen waren nicht nur Hersteller, sondern auch Händler ihrer Erzeugnisse. Es verwundert nicht, dass es gerade in der Anfangszeit viele Patentanmeldungen gab: die enge Zusammenarbeit der schnell wachsenden Zahl von Röntgenherstellern und deutschen Medizinern führte zu einer Reihe verbesserter Geräte. Bereits zehn Jahre nach Röntgens Entdeckung existierte ein umfangreiches Geflecht aus Herstellern, Händlern und Zulieferern. Doch die Branchenstruktur war äußerst heterogen: kleine Produzenten existierten neben großen, deren Hauptstandorte sich in Berlin, Erlangen, Hamburg, Dresden, Hessen, Thüringen und Karlsruhe konzentrierten.[98] Die Finanzkraft der großen Unternehmen war um einiges stärker als die der mittleren oder kleinen Betriebe. Kleine deutsche Produzenten konnten sich oftmals trotz umfassender Kenntnisse aufgrund ihrer geringen Kapitalbasis nicht am Markt halten. Sie fielen einer Fusionswelle - insbesondere in den 20er Jahren - zum Opfer.[99] Die Unternehmen der deutschen Elektroindustrie erzielten nach 1900 Umsatzwachstumsraten von über 16 %.[100]

2.4.2 Von der Weltmarktführung zum Zusammenbruch - Industrie bis Ende des Zweiten Weltkrieges

Die Entdeckung der Röntgenstrahlen in Deutschland eröffnete der deutschen bildgebenden Industrie sehr früh die Möglichkeit, sich international auszurichten: Vertriebs- und Serviceorganisationen dienten der Befriedigung der Nachfrage im Ausland. Gerade industrielle Hersteller für Großgeräte, d. h. für Computer- und Magentresonanztomographen, Emissions-Computertomographen, koronarangiographische Arbeitsplätze, Anlagen zur Strahlentherapie und Geräte zur Zertrümmerung von Nierensteinen mit Stoßwellen[101], konnten keine mengenbezogenen Kostendegressionseffekte erzielen und mussten sich wegen eines beschränkten

---

[96] Vgl. Braun, B. (o.J.), S. 2-3.
[97] Vgl. Bienek, K. H. P. (1994), S. 36.
[98] Vgl. Bräuer; H. (1949), S. 30.
[99] Vgl. Plagens, M. (2001), S.34.
[100] Vgl. Klump, R. (1996), S. 199.
[101] Vgl. Stehr, H. (1993a), S. 26.

Inlandsmarktes auf ausländische Abnehmer konzentrieren.[102] 1936 nahm Siemens in Brasilien die erste Auslandsproduktionsstätte in Betrieb.[103]

Deutschland aber hatte in der elektromedizinischen Weltproduktion die Führungsposition inne: 1936/38 lag der Produktionsanteil bei 50 %. Während der Zeit der nationalsozialistischen Diktatur in Deutschland unterlag die deutsche Medizintechnik-Industrie dem Reichsministerium für Rüstung und Kriegsproduktion. Sie wurde als kriegswichtigste Industrie eingestuft und sah sich hierdurch mit Einschränkungen der Unternehmensfreiheit konfrontiert. Die Zahl der Betriebe ging drastisch zurück. Die Produktion elektromedizinischer Apparaturen erfolgte im Rahmen eines schmalen, auf militärische Erfordernisse ausgerichteten Produktprogramms. Zwar fehlte der Branche hierdurch eine Orientierung an zivilen Erfordernissen, doch war ihr letztlich die Möglichkeit gegeben, ihre Produktion aufrecht zu erhalten und bezüglich der technologischen Forschung aktiv zu bleiben. Zwischen 1936 und 1943 stieg der Umsatz der elektromedizinischen Industrie noch regelmäßig: von 38,6 Millionen Reichsmark auf 58,6 Millionen Reichsmark. Die Konsequenz des Krieges aber war, dass der Export nach Übersee fast vollständig zum Erliegen kam. Zudem beschränkte sich die Ausfuhr innerhalb Europas auf die mit Deutschland verbündeten Mächte. In den letzten zwei Kriegsjahren sanken Produktion und Umsatz rapide – Bombenschäden zerstörten eine Reihe bedeutender Unternehmen. Zerstörungen, Materialmängel, Konfiszierungen von Patenten sowie Rationierung der Energiezufuhr ließen Ende des 2. Weltkrieges die Medizintechnik-Industrie zusammenbrechen. Die Konkurrenz auf den Auslandsmärkten vergrößerte ihre Marktanteile, vor allem die USA und Großbritannien konnten ihre Wettbewerbspositionen stärken. Deutschland jedoch, welches im Jahre 1937 noch 28,2 % des Weltexports im Bereich Elektronik verzeichnen konnte, fiel 1948 auf 0,7 %.[104]

2.4.3 Wiedererstarken einer Erfolgsgeschichte

Nach dem Zweiten Weltkrieg regenerierte sich die medizintechnische Branche schnell. Wartungsaufträge, erste Bestellungen sowie vorhandenes Humankapital

---

[102] Vgl. Stehr, H. (1993b), S. 325.
[103] Vgl. Linde, C. v. d. (1992), S. 276.

unterstützten ihr Wiedererstarken. Selbst das Überseegeschäft entwickelte sich trotz der starken Konkurrenz der USA wider Erwarten gut. Ein Überblick über die Standortverhältnisse im Jahre 1951 zeigt, dass Bayern (Siemens-Reiniger-Werke), Hessen, Bremen und Hamburg (CHF Müller AG) als Ballungsgebiete hervorstachen. Bereits in den 50er und 60er Jahren nahm Deutschland wieder weltweit eine Führungsrolle ein. 1951 hielt es bereits wieder einen Anteil von 31,5 % im Weltexport elektromedizinischer Erzeugnisse und nahm damit Platz 2 hinter den USA ein.[105] Anfang der 70er Jahre aber setzte eine neue Entwicklung ein, auf welche die erfolgreichen deutschen Hersteller nur ungenügend vorbereitet waren. Die Konzentration auf der mechanischen Fertigung verlagerte sich auf den Einsatz mikroelektronischer Komponenten, Computertechnologie sowie Softwareentwicklung. Der sogenannte „technologische Quantensprung" ermöglichte die Einführung der CT und den Durchbruch der Ultraschalldiagnostik.

2.5 Historische Entwicklung - Zusammenfassung

Von Produkten zu Märkten - Im Rahmen dieses Kapitels sollten der enge Zusammenhang zwischen der von Forschungsdrang und Zufall beeinflussten Entstehung und Entwicklung medizintechnischer Geräte und Instrumente sowie der Absorption dieser Innovationen durch den Markt aufgezeigt werden. Eine detaillierte Übersicht aller Daten, Ereignisse und Meilensteine der in diesem Abschnitt behandelten historischen Entwicklungen, findet sich im Anhang wieder (vgl. Anhang 5).

Nachdem die Entwicklung der Medizintechnik und ihres Marktes in der Gegenwart angelangt ist, stellt sich die Frage: Wie sieht der Medizintechnikmarkt am Beginn des 21. Jahrhunderts aus? Wirkt die Vergangenheit in die Gegenwart hinein oder finden sich ganz andere Strukturen vor? Antworten auf diese Fragen gibt das folgende Kapitel.

---

[104] Vgl. Haller von Hallerstein, D. Frfr. (1955), S. 4-5.
[105] Vgl. Haller von Hallerstein, D. Frfr. (1955), S. 11-12.

3 Markt für Medizintechnik am Beginn des 21. Jahrhunderts

3.1 Von der Makro- zur Branchenanalyse - Erfassung eines Marktes

Um einen tieferen Einblick in den Markt für Medizintechnik zu Beginn des 21. Jahrhunderts geben zu können, bedarf es einer speziellen Vorgehensweise (siehe Abbildung 18). Jeder Markt - und dabei stellt auch die Medizintechnik keine Ausnahme dar - ist eingebettet in eine sogenannte Makroumwelt. Diese wird systematisch in fünf Umfeldfaktoren gegliedert, in eine ökologische, politisch-rechtliche, technologische, gesellschaftliche und ökonomische Umwelt. Es sollen jeweils zwei herausragende und bedeutende Aspekte dieser jeweiligen Faktoren im Folgenden herausgegriffen sowie ihre Implikationen, bezogen auf den Markt für Medizintechnik, dargestellt werden.

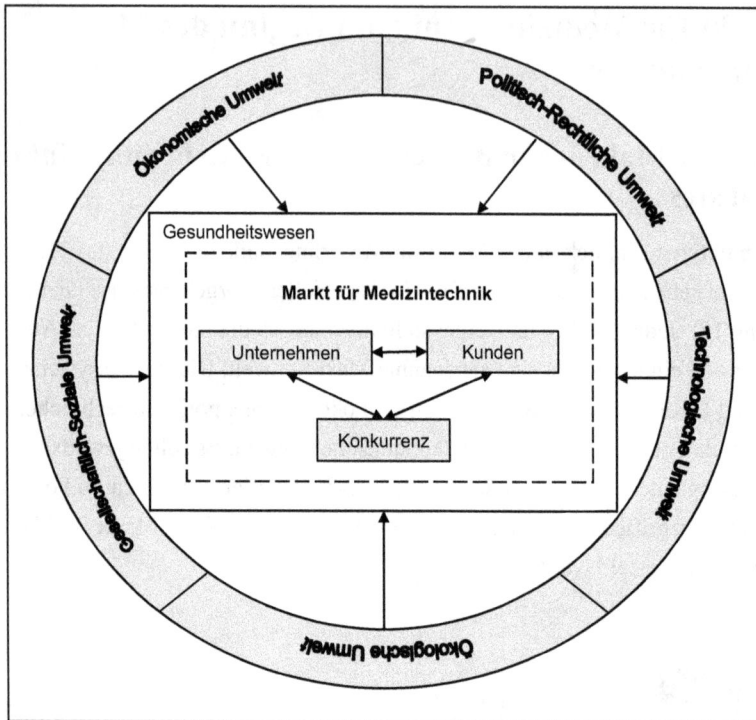

Abbildung 18: Markt für Medizintechnik und seine Makroumwelt[106]

Wenn die wesentlichen Rahmenbedingungen erfasst sind, fällt der Blick auf konkrete Aktivitäten von medizintechnischen Unternehmen am Markt. Die Analyse der Branchenstruktur soll in Anlehnung an die Dreiteilung Wettbewerber, Unternehmen und Kunden erfolgen. Während auf Ebene der Kunden die Inlands- und Auslandsnachfrage erfasst werden, bezieht sich die Ebene der Unternehmen der Medizintechnik auf die wesentlichen Aktivitäten von Forschung und Entwicklung (F&E) sowie Produktion. Eine Analyse der Struktur von Betrieben und Beschäftigten sowie deren Gründungsentwicklung und Standortverteilung kann im Rahmen der Ebene des Wettbewerbs vollzogen werden. Die quantitative Erfassung des Marktes für Medizintechnik erfordert eine breite Datenanalyse. Im gesamten Kapitel 3.3 werden im Anhang hinterlegte Zahlentabellen als Analysegrundlage

---

[106] Quelle: Eigene Darstellung in Anlehnung an Hungenberg, H. (2004), S. 87.

verwendet. Diese Daten stammen entweder direkt aus amtlichen Statistiken oder werden aus repräsentativen und umfassenden Studienerhebungen gezogen.

Nachdem der Markt auf diese Weise in die Makro- und Branchenumwelt gegliedert ist, wird deutlich werden, dass dieser zwar marktwirtschaftlichen Gesetzen unterworfen, doch aufgrund der Bedeutung seiner Güter für das Gesundheitswesen immer auch Regulierungen ausgesetzt ist. Dabei spielt der Aspekt der Ökonomie der Medizintechnik eine entscheidende Rolle. Ihre Bedeutung soll deshalb in einem gesonderten Punkt näher erörtert werden, indem sie von der volkswirtschaftlichen Ebene hin zum konkreten Nutzen der medizintechnischen Produkte bei den Nachfragen betrachtet wird. Hieraus ergeben sich für die medizintechnischen Hersteller am Markt spezielle Herausforderungen, denen sie im Rahmen des Lebenszyklus ihrer Unternehmen begegnen müssen. Eine Zusammenfassung der Erfolgsfaktoren des Marktes für Medizintechnik am Beginn des 21. Jahrhunderts beschließt dieses Kapitel.

3.2 Rahmenbedingungen des Marktes - Analyse der Makroumwelt

3.2.1 Ausgewählte Faktoren des ökonomischen Umfeldes

3.2.1.1 Konjunkturelle Entwicklung

Deutschland befindet sich momentan in einer schwierigen finanziellen Ausgangslage. Die Verabschiedung von Sparpaketen wirkt sich auch auf den Bereich des Marktes für Gesundheit aus, so dass sich die Medizintechnikunternehmen am Standort Deutschland mit großen Herausforderungen konfrontiert sehen. Hohe Personalkosten, geringes Wirtschaftswachstum und eine zunehmende Konkurrenz im Ausland sind hierbei zu nennen. Auch der in Deutschand erkennbare „brain drain"[107] gut ausgebildeter Bevölkerungsschichten insbesondere in die USA und nach Asien ist eine Restriktion. Dort scheinen bessere und zukunftsträchtigere Arbeitsbedingungen zu existieren. Das Mengenwachstum ist tendenziell ansteigend,

---

[107]   Henke, K.-D., Reimers, L. (2005), S. 45.

die Kosten in Deutschland steigen immer weiter an, es herrscht ein stärkerer Wettbewerbsdruck durch neue Marktteilnehmer.

3.2.1.2 Medizintechnischer Produktlebenszyklus

Aus ökonomischer Sicht ist für den Markt der Produktlebenszyklus einer medizinischen Technologie bedeutend. In einer Klassifikation von Neuhauser[108] werden vier Phasen eines solchen Zyklus unterschieden (vgl. Abbildung 19).

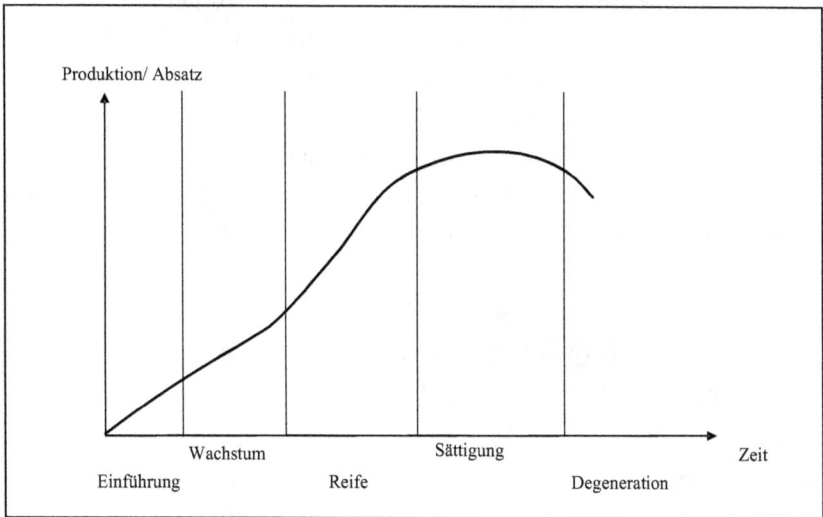

Produktion/ Absatz

Wachstum   Sättigung   Zeit

Einführung   Reife   Degeneration

Abbildung 19:   Produktlebenszyklus[109]

Die erste Phase bezeichnet die Idee eines neuen Produktes. Die Hersteller investieren viel Geld. Erste Publikationen erscheinen in der medizinischen Fachliteratur. Sorgfältigere Evaluationsstudien werden mit Beginn der Phase 2 initiiert: die Diffusion der neuen Technik beginnt. Wenn die ambulanten und stationären Einrichtungen die neue Technik nutzen, ist bereits Phase 3 eingetreten: die Akzeptanzphase. Die Anwender haben sich in die neue Materie eingearbeitet und ein möglicher anfänglicher Widerstand ist nicht mehr existent. Betrachtet man den typischen Kostenverlauf von der ersten Idee bis zur Markteinführung eines Pro-

---

[108]   Zitiert nach Williams, A. (1984), S. 47-48.

[109]   Quelle: Eigene Darstellung in Anlehnung an Bundesministerium für Bildung und Forschung (BMBF) (Hrsg.) (2005b), S. 495.

duktes, so dauert es bis zu zehn Jahre, bis ein Produkt einen wesentlichen Mittel-rückfluss erbringt. In den Phasen der Markteinführung und der klinischen Akzeptanz werden etwa zwei Drittel der Gesamtkosten ausgegeben.[110] Wenn neue Medizintechnikprodukte auf den Markt drängen, haben die alten ausgedient und die vierte Phase, der Rückgang, setzt ein. Es beginnt ein neuer Zyklus. Viele Technologien in Deutschland werden heute schon alle zwei Jahre erneuert. Die Hersteller müssen diese Entwicklung stets vor Augen haben, um im ökonomischen Umfeld erfolgreich agieren zu können.

3.2.2 Ausgewählte Faktoren des gesellschaftlichen Umfeldes

3.2.2.1 Sozialdemographische Entwicklung

Im Jahre 2050 werden in Deutschland etwa 12 % der deutschen Bevölkerung 80 Jahre oder älter sein. Der Anteil der über 60jährigen wird auf 36,7 % ansteigen. 1950 waren es gerade einmal 14,6 %. Umgekehrt sinkt jedoch die Zahl der unter 20jährigen auf 16,1 %. Die Bevölkerungszahl wird, je nach Vorausberechnung, im Jahre 2050 zwischen 67 und 81 Millionen betragen.[111] Die Menschen werden immer älter - schon jetzt ist gut ein Viertel der deutschen Bevölkerung älter als 65 Jahre. Männer im heutigen Alter von 65 Jahren haben eine durchschnittlich weitere Lebenserwartung von 16,26 Jahren, Frauen von 19,77 Jahren. Im Jahre 2001 fand in Zürich eine internationale Konferenz unter Vorsitz des Washingtoner „Center for Strategic and International Studies" statt. Führende Industrieländer diskutierten hier die negativen Auswirkungen der demographischen Entwicklung auf die Volkswirtschaft. Ein reibungsloses Wirtschaftsgeschehen hängt maßgeblich von der Stabilität der gesellschaftlichen und kulturellen Basis eines Landes ab, die jedoch infolge einer „demographischen Zeitenwende" ins Wanken gebracht wird.[112]

Inwiefern tangieren diese Entwicklungen den Markt für Medizintechnik? Mit steigendem Alter erhöht sich auch die Wahrscheinlichkeit der Mortalität und Pflegebedürftigkeit. Degenerative Krankheiten des zentralen Nervensystems wie De-

---

[110] Vgl. Wildau, H.-J. Baumann, M. (2004), S. 164.
[111] Vgl. Statistisches Bundesamt (Hrsg.) (2003), S. 6; 31.
[112] Vgl. Birg, H. (2001), S. 15.

menz, Alzheimer oder Parkinson sind jedoch mit medizintechnischen Produkten nur sehr begrenzt therapierbar. Bei alten, chronisch-kranken Menschen beispiels-weise wird moderne bildgebende Diagnostik heute oftmals nicht in erster Linie zur Diagnoseerstellung verwendet, sondern zu Verlaufsbeobachtungen benötigt. Der Einsatzbereich der Medizintechnik liegt vielmehr auf den Feldern der repara-tiven Medizin. Daneben besteht Bedarf an zuverlässiger, schneller und nicht-in-vasiver Diagnostik.[113] Die Medizintechnik wird von der demographischen Ent-wicklung weit weniger tiefgreifend beeinflusst werden als vielfach angenommen.

3.2.2.2 Technikakzeptanz und soziale Werte

Gesundheit ist unser höchstes Gut - das wusste schon Hippokrates. Auch in der heutigen Zeit stimmen viele Menschen diesem Credo zu: 80 % der Deutschen halten Gesundheit für „sehr wichtig".[114] Gerade in Situationen von Krankheit er-scheinen die Erwartungen an die Medizin grenzenlos. Inwieweit wird dabei Tech-nik in der Medizin nicht nur von den Patienten angenommen?

Eine Studie des Verbandes der Elektro-/Informationstechnik aus dem Jahre 2005 zeigt, dass 83 % der befragten Bundesbürger[115] ein stärkeres Engagement Deutschlands im Bereich der Medizintechnik befürworten.[116] Damit steht die medizintechnische Technik noch vor Energietechnik allgemein (73 %), (Mikro-) Elektronik (61 %), Informationstechnik (58 %) und Gentechnik (41 %). Allerdings ist eine nähere Definition des Begriffs Medizintechnik nicht explizit aufgeführt. In Anlehnung an eine aus dem Jahre 2003 stammende VDE-Analyse speziell zum Thema „Technikakzeptanz in der Medizin" kann geschlossen werden, dass unter Medizintechnik „alles, was mit medizinischen Geräten zu tun hat"[117] subsumiert wird. In dieser Studie stellte sich heraus, dass insgesamt 47 % der Befragten[118] die Medizintechnik als einen der innovativsten Technikbereiche und größten Wachstumsmärkte sehen. Eine negativ behaftete Assoziation ist nicht gegeben, im Gegenteil. Die Hersteller medizintechnischer Güter können folglich

---

[113] Vgl. Bundesministerium für Bildung und Forschung (BMBF) (Hrsg.) (2005b), S. 648.
[114] Vgl. Kelkenberg, I. (2003), S. 78.
[115] Repräsentative Umfrage von 1000 Personen ab 14 Jahren in Deutschland.
[116] Vgl. Verband der Elektrotechnik Elektronik Informationstechnik e.V. (VDE) (2005), S. 1-2.
[117] Vgl. Verband der Elektrotechnik Elektronik Informationstechnik e.V. (VDE) (2003), S. 6.
[118] 1000 Personen ab 14 Jahren in Deutschland.

in Deutschland von einer großen Akzeptanz der Technik im Medizinbereich ausgehen.

3.2.3 Ausgewählte Faktoren des rechtlich-politischen Umfeldes

3.2.3.1 Politische Reform im Gesundheitswesen

Im Rahmen der Gesundheitsreform kommt dem privaten Sektor zunehmend eine größere Rolle zu. Immer mehr Krankenhäuser werden privatisiert. Zu den größten Betreiberketten zählen heute die Sana Kliniken GmbH, die Rhön-Klinikum AG, die Asklepios Kliniken GmbH und die Helios AG. Der ökonomische Aspekt medizintechnischer Produkte wird weiter an Bedeutung gewinnen.[119] Die Zahl der Krankenhäuser sinkt in den nächsten Jahren aufgrund von Fusionen und Schließungen weiter. Damit wird für die Medizintechnikhersteller ein Bereich tangiert, der ihnen als Absatzmark dient. Sparzwänge und Krankenkassendefizite bestimmen ferner die öffentliche Diskussion. Die Medizintechnik als forschungsintensive Branche steht dabei besonders im Blickfeld. Denn neue Produkte sind in der Regel mit höheren Kosten der Anschaffung verbunden. Medizintechnikhersteller müssen diesem Bereich stets Beachtung schenken, wenn sie erfolgreich am Markt agieren wollen.

3.2.3.2 Zulassungsverfahren und Zertifizierung

Da Medizintechnik einen Teilbereich des weiten Feldes der Medizinprodukte darstellt, gelten alle Gesetze, Verordnungen und EG-Richtlinien für Medizinprodukte auch für sie. Verordnungen über das Errichten, Betreiben und Anwenden von Medizinprodukten, über Vertriebswege sowie über die Erfahrung, Bewertung und Abwehr von Risiken stellen nur einen Auszug aus der gesetzlichen Bandbreite dar.

Von entscheidender Bedeutung für den Erfolg medizintechnischer Unternehmen am Markt ist die Zulassung der medizintechnischen Produkte. Erst wenn diese erfolgt ist, können die Güter in den Verkehr gebracht werden. Die Regelungen zur Zulassung werden im Medizinproduktegesetz ausführlich dargelegt und haben europaweit einheitliche Geltung. Das bedeutet, Medizintechnik-Produkte können grenzfrei in Europa vertrieben werden. Medizinprodukte werden gemäß Anhang IX der Richtlinie 93/42/EWG über Medizinprodukte generell in drei Klassen eingeteilt.[120] Klasse I umfasst alle Produkte mit niedrigem Risiko, die meisten nicht-invasiven Produkte, sowie wiederverwendbare chirurgische Instrumente. Die Klasse II ist untergliedert in Klasse IIa und IIb. Nicht-aktive Produkte mit mittlerem Risiko, invasive und nicht invasive Produkte für kurzzeitige Benutzung gehören in Klasse IIa. Demgegenüber lassen sich aktive Produkte mit mittlerem Risiko und Produkte für längere Nutzung der Gruppe IIb zuordnen. Klasse III hingegen umfasst Produkte mit hohem Risiko und solche, die mit Gefäßsystemen oder dem zentralen Nervensystem in Kontakt kommen.[121] Eine Einteilung der Produkte in die jeweilige Klasse wird vom Hersteller selbst vollzogen. Dabei ist diese Einteilung jedoch nicht starr, sondern kann infolge von Neuklassifizierungen durch die europäischen Mitgliedsstaaten geändert werden.

Für die Zulassung von vorrangiger Bedeutung sind Aspekte der Sicherheit und Eignung für die vorgesehenen Zwecke. Durch sie werden produktspezifische Qualitätsstandards nachgewiesen, die sich auf die Herstellung und Einhaltung von Richtlinien beziehen. Welches Verfahren die Hersteller zur Evaluation ihrer Medizintechnik wählen, ist generell frei und wird nur durch die Produktklasse beeinflusst: von einer einfachen Konformitätsbewertung für Produkte mit niedrigem Risiko angefangen bis hin zur Zertifizierung über ein komplettes Qualitätssicherungssystem von Design bis zum Vertrieb sind verschiedene Maßnahmen wählbar. Sogenannte „Benannte Stellen"[122] führen unabhängig die Zulassung durch. Der TÜV etwa besitzt eine solche Möglichkeit. Der Hersteller muss eine technische Dokumentation zusammenstellen, welche dem Produkt eine Konformität mit den Anforderungen der europäischen Richtlinien bescheinigt.

Erst wenn die Stellen dieses Bewertungsverfahren zertifizieren, darf der Hersteller eine sogenannte CE-Kennzeichnung auf seinem Produkt anbringen. Para-

---

[119] Vgl. Kelkenberg, I. (2003), S. 80.
[120] Vgl. Bundesverband Medizintechnologie e.V. (BVMed) (2005b), S. 342-348.
[121] Vgl. Wörz, M., Perleth, M., Schöffski, O., Schwartz, F. W. (2002), S. 21-22.
[122] Vgl. Art. 15 98/79/EG in: Bundesverband Medizintechnologie e.V. (BVMed) (2005b), S. 385-386.

graph 6 (2) MPG[123] besagt klar, dass alle Medizinprodukte - und somit auch die Medizintechnikprodukte - mit einer sogenannten CE-Kennzeichnung versehen sein müssen. Diese Regelung gilt seit 1998. Das Zertifikat, das auf fünf Jahre beschränkt ist, bestätigt, dass das jeweilige Produkt ein klinisches Bewertungsverfahren durchlaufen hat, eine Risikoanalyse durchgeführt wurde und eine technische Dokumentation über den Herstellungsablauf und die technischen Spezifikationen erfolgte. Es ist damit eine Art Gütesiegel.

3.2.4 Ausgewählte Faktoren des technologischen Umfeldes

3.2.4.1 Technologische Leistungsfähigkeit

Deutschland verzeichnet im Bereich der technologischen Leistungsfähigkeit ein sehr hohes Niveau. Sie wird entscheidend durch F & E sowie Innovationen in der Wirtschaft geprägt. Gerade die Politik engagiert sich sehr stark in Bereichen der Technologie- und Prozessentwicklung, mit aussichtsreichen Wachstums- und Arbeitsplatzchancen.[124] So etwa hat sich Deutschland im Bereich der Optik zu einem führenden Anbieter optischer Lasertechnologien entwickelt, wohingegen es noch in den 80er Jahren auf Importe von Lasertechnik angewiesen war. Im Zuge des zunehmenden scharfen Wettbewerbs in der Wirtschaft spielt die technologische Leistungsfähigkeit eine sehr große Rolle. Sehr gut ausgebildete Fachkräfte bilden einen entscheidenden Beitrag. Gerade die Medizintechnik als eine Querschnittstechnologie hat einen wachsenden Bedarf an hochqualifizierten Fachkräften. Indem sie die Erkenntnisse aus Mechanik, Elektronik und weiteren Basistechnologien nutzt, ist eine breite und umfassende Wissensbasis nötig. Deutschland verzeichnet beim Anteil der Naturwissenschaftler und Ingenieure an den Beschäftigten in der gewerblichen Wirtschaft mit 4,5 % einen hohen Wert.[125]

3.2.4.2 Medizintechnischer Fortschritt

Die Anforderungen der Patienten nach Qualität steigen und fordern von den Herstellern immer neue Verbesserungen. Der medizintechnische Fortschritt kann aus rein medizinischer Sicht als generell positiv angesehen werden. Er hat positive

---

[123] Vgl. Bundesverband Medizintechnologie e.V. (BVMed) (Hrsg.) (2005c), S. 28.
[124] Vgl. Bundesministerium für Bildung und Forschung (BMBF) (Hrsg.) (2005a).
[125] Vgl. Bundesministerium für Bildung und Forschung (BMBF) (Hrsg.) (2005b), S. 89-90.

Auswirkungen auf die Gesundheitsförderung und -erkennung sowie auf die Wiederherstellung der Gesundheit. Jeder Fortschritt, der einen positiven Grenzertrag abwirft, müsste demnach ins Gesundheitssystem aufgenommen werden. Dies jedoch würde zu einem Zusammenbruch des Gesundheitswesens führen. Für Medizintechnikunternehmen ist es daher wichtig zu berücksichtigen, dass die neu entwickelten Produkte auch Absatz finden. Denn der medizinisch-technische Fortschritt verursacht nicht nur direkte Kosten über Finanzierung und Vergütung, sondern auch indirekte, volkswirtschaftliche Kosten infolge der Bindung von Ressourcen.[126]

Bei der Einführung neuer Technologien können immer zwei Positionen vertreten werden. Entweder neue Techniken werden als Chance gesehen, um weitere Fortschritte in der Medizin zu ermöglichen, oder aber es wird auf medizintechnischen Fortschritt verzichtet, um unvorhersehbare Risiken zu vermeiden. Unzureichende Erfahrungen erhöhen die Gefahr des Auftretens von Komplikationen.[127] Ferner kann der technische Fortschritt in zwei Kategorien eingeteilt werden: in Produkt- und Prozessinnovationen. Erstere liegen vor, wenn es sich um ein neuartiges Produkt handelt, letztere hingegen beziehen sich auf ein neuartiges Verfahren, ein Produkt herzustellen. Auf dem Markt für Medizintechnik spielen im Rahmen des medizintechnischen Fortschritts Produktinnovationen eine entscheidende Rolle.[128] Allerdings sind die Sättigungsgrenzen wie auf anderen Märkten eher selten: Medizintechnik wird immer benötigt. Aus Sicht der Medizintechnikindustrie ist ein neues Produkt dann verfügbar, wenn es Marktreife erlangt hat und verkauft wird.[129]

3.2.5 Ausgewählte Faktoren des ökologischen Umfeldes

3.2.5.1 Recycling und Wiederverwertung

Der Umweltgedanke stellt auch die Hersteller der Medizintechnik vor immer neue Herausforderungen. Im Bereich Chemikalien und Abfall setzen die Medizintechnikunternehmen auf ökologische Strategien. Der Chemikalienverbrauch bei Sie-

---

[126] Vgl. Knappe, E., Neubauer, G., Seeger, Th., Sullivan, K. (2000), S. 72-73.
[127] Vgl. Bueß, G. F. (1996), S. 234.
[128] Vgl. Richard, S. (1993), S. 125-126.

mens Medical Solutions wurde um mehr als 30 %, der Verbrauch von Frisch-
wasser um 90 % reduziert.[130]

Seit dem 24. März 2006 müssen Medizingeräte gekennzeichnet, gesammelt,
zurückgenommen, behandelt und verwertet werden. Abfälle von Elektro- und
Elektronikgeräten sind zu vermeiden. Die Geräte sollen soweit möglich wieder-
verwendet werden. Diese Umsetzung der europäischen Richtlinie 2002/96/EG
über Elektro- und Elektronik-Altgeräte (WEEE - Waste Electrical and Electronic
Equipment) erfolgt im Rahmen des Elektro- und Elektronikgerätegesetzes vom
23. März 2005.[131] Die Verantwortung der medizintechnischen Hersteller für das
Produkt erstreckt sich nun auf den gesamten Produktlebenszyklus. Je nachdem, ob
sogenannte Business-to-Customer Produkte (B2C) oder Business-to-Business
Produkte (B2B) betroffen sind, ändert sich der Umfang der Herstellerpflichten.
Bei den B2B-Produkten im gewerblichen Bereich liegt es in der Aufgabe der Hersteller, zumutbare Rückgabemöglichkeiten zu schaffen, um dann die Geräte ei-
genverantwortlich und ordnungsgemäß zu entsorgen. Bei B2C-Geräten hingegen
muss der Hersteller eigenständig Rücknahme und Behälterabholung bei den
kommunalen Übergabestellen vollbringen.[132] Hersteller infektiöser Medizinprodukte sind von diesen Pflichten des Elektrogerätegesetzes ausgenommen. Bald
wird sich auch im Bereich der Medizintechnik ein Trend durchsetzen, der in anderen Bereichen der Wirtschaft bereits Einzug hielt: die umweltgerechte Herstellung medizintechnischer Geräte, um eine Wiederverwertung ermöglichen zu
können. Ziel ist es, Geräteteile aufzubereiten, um sie möglichst lange einsetzen zu
können.

Unter dem Begriff „refurbished systems" bieten seit einigen Jahren Firmen wie
Siemens oder Philips Gebrauchtgeräte an, die vollständig wieder instand gesetzt
wurden. Zu einem Preis, der ca. 30 % unter dem von Neugeräten liegt, werden sie
wieder auf den Markt gebracht.[133] Einen Modellvorschlag einer kreislaufge-

[129]   Vgl. Henke, K.-D., Reimers, L. (2005), S. 45-46.
[130]   Vgl. Christgau, H. (1994), S. 59.
[131]   Vgl. O.V. (2005), S. 49.
[132]   Vgl. Scherrer, M. (2005).
[133]   Vgl. Frädrich, A. (2004).

rechten Gerätekonstruktion stellte die Initiative Medicycle vor.[134] Der Oxymat-3-Sauerstoff-Konzentrator ist zu 90 % recyclebar. Kompressor, Sauerstoffanlage oder Ventile sind nach Instandsetzung erneut einsetzbar. Die Zahl der verwendeten Teile beläuft sich auf 125 statt normal 293 Stück. 25.000 Stunden beträgt die Lebensdauer des Kompressors - dies ist fünf Mal so lange wie bisher.

3.2.5.2 Einmalprodukte

Im Rahmen der Betrachtung des ökologischen Umfeldes spielt ein weiterer sehr umstrittener Aspekt am Markt für Medizintechnik eine Rolle. Medizintechnikprodukte, wie beispielsweise Herzkatheter, die von Herstellern für eine einmalige Nutzung konzipiert wurden, erfahren in der Praxis häufig eine Aufbereitung und Neuanwendung bei nachfolgenden Patienten. Es ist dabei zu bedenken, ob es sich um ein echtes Einmalprodukt handelt, dessen Wiederaufbereitung tatsächlich nicht möglich ist, oder eine Wiederaufbereitung nicht überprüft wird. Auf etwa 500 Millionen Euro pro Jahr schätzen Experten das Einsparungspotential durch eine Wiederverwendung von Einmalprodukten.[135] Geld, das nicht in neue Güter investiert werden würde. Die Haftung bei Wiederverwendung vom Hersteller wechselt auf die Betreiber und Anwender des Gutes.

Laut einer Studie der GfK Healthcare[136] erfolgt ferner eine Aufbereitung der Produkte überwiegend durch externe Auftragnehmer. 22 % aller Befragten[137] befürworten Wiederverwendungen aus Kostengründen. Allerdings kennen nur 13 % diese Praxis. Unter medizinischem Fachpersonal galt das Hygienerisiko gefolgt vom Risiko funktionaler Schäden als Haupthinderungsgrund für eine Routine der Wiederaufbereitung. Nur ein Drittel kannte die Haftungsfolgen.

---

[134]   Vgl. O. V. (2001).
[135]   Vgl. Wörz, M., Perleth, M., Schöffski, O., Schwartz, F. W. (2002), S. 93.
[136]   Vgl. Gfk HealthCare (Hrsg.) (2004).
[137]   Anmerkung: 1000 Männer und Frauen ab 18 Jahren.

3.3 Medizintechnische Industrie in Zahlen - Branchenstrukturanalyse

3.3.1 Quantitative Erfassung der Ebene des Wettbewerbs

3.3.1.1 Betriebs- und Beschäftigungsstruktur

Der deutsche Markt für Medizintechnik ist in Europa der größte. Nach den USA und Japan rangiert er auf dem dritten Platz. Je nach Branchensegment sind der Internationalisierungsgrad und die Konkurrenzsituation sehr unterschiedlich. Innerhalb Deutschlands waren 2004 in 1.140 medizintechnischen Betrieben[138] der Medizintechnik im eigentlichen Sinne (WZ 33.10) insgesamt knapp 92.000 Personen beschäftigt (vgl. Anhang 6). Davon waren 20 % im Bereich Herstellung elektromedizinischer Geräte und Instrumente beschäftigt und 22 % arbeiteten im Wirtschaftszweig 33.10.4 zahntechnische Laboratorien. 57 % hingegen sind im Kernbereich, der Herstellung von medizintechnischen Geräten und orthopädischen Vorrichtungen tätig. Dies verwundert nicht, da dieser Bereich sehr forschungsintensiv ist. Seit der Rezession 2000/2001 sind hier - entgegen dem üblichen Trend - sogar 5.772 neue Arbeitsplätze entstanden. Nach einem fortschreitenden Beschäftigungsabbau zwischen 2001 und 2003 verzeichneten die zahntechnischen Laboratorien 2004 einen enormen Beschäftigungszuwachs von fast 13 % im Vergleich zu 2003. Betrachtet man die Anzahl der Betriebe, so konnten im Jahr 2004 im Kernbereich der Wirtschaftszweige 33.10.2 und 33.10.3 insgesamt 308 und 205 Betriebe gezählt werden. Mit lediglich 92 Betrieben stellen die Hersteller elektromedizinischer Geräte und Instrumente nur 8 % aller Unternehmen dar. 47 % aller Betriebe hingegen vereinten die zahntechnischen Laboratorien auf sich.

Eine Analyse der Betriebs- und Beschäftigtenstruktur, gegliedert nach Größenklassen, zeigt eine charakteristische Eigenschaft des deutschen medizintechnischen Marktes: die Medizintechnik-Branche ist nicht nur eine vergleichsweise kleine Branche, sondern sehr mittelständisch aufgestellt. 50,4 % aller Betriebe der Medizintechnik im eigentlichen Sinne entfielen auf industrielle Kleinbetriebe.

---

[138] Definition Betrieb gemäß amtlicher Statistik: eine reine Produktionsstätte, die Sachgüter oder Dienstleistungen produziert.

Nochmalige 42,7 % stellen Betriebe zwischen 20 und 99 Beschäftigte dar. Die restlichen 6,9 % verteilen sich auf Betriebe mit über 100 Mitarbeitern. Auch ein Blick auf die Strukturanteile von Medizintechnik-Unternehmen spiegelt diese Erkenntnisse wider. Nur 2,1 % aller Unternehmen haben mehr als 500 Beschäftige. Demgegenüber stehen 68,9 % kleiner Unternehmen mit bis zu 49 Mitarbeitern. Der deutsche Markt für Medizintechnik ist somit gekennzeichnet durch ein Nebeneinander einer großen Zahl kleiner und mittlerer Unternehmen sowie von einigen wenigen multinationalen Großkonzernen. Dabei beschäftigen die Großbetriebe fast 33 % aller Arbeitnehmer im Wirtschaftszweig 33.10, die Kleinst- und Kleinbetriebe zusammen aber 37 %. Am umsatzstärksten wiederum sind die Großkonzerne mit einem Anteil von 45 % am gesamten Branchenumsatz.[139]

Personalkosten und Kosten des Materialverbrauchs stellen die größten Kostenblöcke dar. Je nach Betriebsgröße entfallen bis zu zwei Drittel der Kosten auf diese beiden Bereiche. Dabei steigt der Kostenanteil von Material umso mehr an, je größer der Betrieb ist, wobei naturgemäß die Personalkosten sinken. Dieser Effekt nivelliert sich jedoch wieder ab einer Betriebsgröße von 200 Beschäftigten.[140]

3.3.1.2 Gründungsentwicklung und Standortverteilung

Um einen vertiefenden Überblick über die am Markt herrschende Wettbewerbsstruktur zu erhalten, erfolgt eine Analyse der Gründungsstruktur von Medizintechnikunternehmen. Zwischen 1995 und 2002 wurden etwa 9.300 Unternehmen im Bereich der Medizintechnik neu gegründet. Fast jede zweite Gründung erfolgte im Dienstleistungsbereich einschließlich der Erstellung von Software für medizinische Anwendungen sowie der Telemedizin. Insgesamt sind Mitte 2003 von medizintechnischen Unternehmen, die zwischen 1995 und 2002 gegründet wurden, 30 % wieder geschlossen worden. Diese Quote ist tendenziell in den Produktgruppen höher, die forschungsorientiert sind. 14 % der Betriebe sind ferner leicht, 7 % mittel und 3 % stark gewachsen. Unverändert blieben 41 %, während nur 5 % geschrumpft sind. Dies ist allerdings angesichts zahlenmäßig kleiner Gründungsgrößen - im Durchschnitt etwa 4-5 Mitarbeiter - nicht verwun-

---

[139] Vgl. Bundesministerium für Bildung und Forschung (BMBF) (Hrsg.) (2005b), S. 64.
[140] Vgl. Albrecht, M. (1999), S. 13.

derlich. Unternehmen, die älter als 27 Jahre sind, repräsentierten Mitte 2003 nur 8 % des Unternehmensbestandes. Jene hingegen, die jünger als elf Jahre sind, bildeten zusammen 49 %. Die Verteilung der Medizintechnik-Gründungen in Deutschland zwischen 1995 und 2002 nach Produktgruppen zeigt sich wie folgt: der Gründungsschwerpunkt lag eindeutig bei medizintechnischen Dienstleistungen. Mit 38,5 % aller Gründungen stellte diese Produktgruppe den Spitzenreiter dar. Gefolgt wurde er von Gründungen im Bereich Einrichtungen für Klinik und Praxis (9,8 %) sowie Implantate und Prothesen (9 %). Vergleicht man dieses Geschehen mit der Gruppe mit den höchsten Produktionsanteilen, nämlich zahnmedizinische und bildgebende Systeme und Strahlentherapie mit insgesamt 29 %, so repräsentieren sie hier nur 3,8 % Anteil an allen Gründungen. Ein Grund hierfür könnte sein, dass die Einstiegsbarrieren für junge und kleine Unternehmen in diesen Bereichen der Medizintechnik zu hoch sind: technologisches Know How, Zugang zu potentiellen Abnehmern und Kapitalbedarf sind zu nennen. So dass eher in Produktionsgruppen mit geringen technologischen Anforderungen investiert wird, wo das Gründungsrisiko reduziert ist.[141]

Neben der Frage, in welche Produktgruppe man als Gründer investieren soll, ist die Entscheidung bezüglich des Standorts von Bedeutung. Wie das ZEW-Gründungspanel[142] ermittelte, verteilten sich die medizintechnischen Gründungen zwischen 1995 und 2002 relativ regelmäßig auf die Bundesländer. Dabei korrespondierte die Größe der Bundesländer bezüglich Einwohner und Bruttoinlandsprodukt nahezu immer mit der Anzahl der Gründungen. Allen voran steht Nordrhein-Westfalen mit fast 20 % aller Gründungen, gefolgt von Bayern (17 %) und Baden-Württemberg (13 %). Lediglich Berlin und Hamburg vereinten im Vergleich zu ihrer Landesgröße überdurchschnittlich viele Medizintechnik-Gründungen. Im Bereich der Herstellung von Medizintechnik verzeichneten ferner Baden-Württemberg, Sachsen, Thüringen und Mecklenburg-Vorpommern einen überdurchschnittlichen Anteil an Medizintechnik-Gründungen bezüglich des gesamten Gründungsgeschehens in Deutschland. Betrachtet man ferner die 20

---

[141] Vgl. ZEW-Gründungspanel (2004) zitiert nach Bundesministerium für Bildung und Forschung (BMBF) (Hrsg.) (2005b), S. 106; 126-129.
[142] Vgl. ZEW-Gründungspanel (2004) zitiert nach Bundesministerium für Bildung und Forschung (BMBF) (Hrsg.) (2005b), S. 115-124.

Kreise mit den höchsten Gründungszahlen im Bereich der Medizintechnik-Hersteller, so handelte es sich dabei im einzelnen um München, Hamburg, Braunschweig, Heidelberg, Rhein-Neckar, Hannover, Erlangen, Tübingen, Jena, Ulm, Nürnberg, Lübeck, Karlsruhe und Düsseldorf. Dass sich hierunter viele Stadtgebiete und Metropolregionen befanden, entspricht der Tatsache, dass diese über sehr gute Infrastrukturen ebenso verfügen wie über eine hohe Zahl an Erwerbsfähigen. Ferner spielen bei Medizintechnik-Unternehmen immer drei Standartfaktoren eine entscheidende Rolle, von denen mindestens zwei für eine positive Entscheidungsfindung vorhanden sein müssen: die Nähe zu großen Klinken beziehungsweise niedergelassenen Ärzten als Nachfragepotenzial, das Vorhandensein einer wissenschaftlichen Forschungsbasis - wie etwa Universitäten - sowie die Existenz großer Hersteller in der Medizintechnik. Als hervorragendes Beispiel eignet sich Tuttlingen in Baden-Württemberg. Hier werden fast ausschließlich chirurgische Geräte, Systeme und Implantate gefertigt. Alle drei Standortfaktoren treffen hier zu.

3.3.1.3 Hauptakteure der Branche

Betrachtet man den Markt für Medizintechnik und seiner heterogenen Struktur, so ist es nahezu unmöglich, die Marktführer der einzelnen Branchensegmente hier zu identifizieren. Auf der Medica in Düsseldorf im Jahre 2005 präsentierten zum Beispiel über 4.000 Aussteller ihr Warenangebot zu unterschiedlichen Bereichen der Medizin: von Arzneimitteln angefangen, über Informations- und Kommunikationstechnik, bis hin zu Textilien. Der Bereich der Elektromedizin/Medizintechnik war durch eine enorme Anzahl nationaler und internationaler Aussteller vertreten.[143] Selbst führende Unternehmensvertreter plädieren dafür, sich auf dem Markt für Medizintechnik auf ein bestimmtes Marktsegment zu konzentrieren. Economies of Scale sind ferner nur eingeschränkt möglich, Massenproduktmärkte bilden die Ausnahme und der Wettbewerb ist gesteuert durch neue Technologien.[144]

Eine Aufstellung der Marktführer im Bereich der elektromedizinischen Großgeräte jedoch ist möglich. Hier lassen sich die „Big Player" der Branche erfassen,

---

[143]   Vgl. Messe Düsseldorf GmbH (Hrsg.) (2005).
[144]   Vgl. Vogler-Ludwig, K., Leitzke, S. (Hrsg.) (2004), S. 37.

da der Markt weltweit nur von einigen wenigen multinationalen Konzernen be-
herrscht wird. Es handelt sich um General Electric Medical Systems, Siemens
Medical Solutions sowie Philips Medical Systems. Ferner sind zu nennen:
Johnson&Johnson, Dräger Medical, Braun/Aesculap, Smith&Nephew, Gambro,
Tyco Healthcare, Toshiba Medical Systems und Visasys Healthcare.

3.3.2 Quantitative Erfassung der Ebene der Unternehmensaktivitäten

3.3.2.1 Forschungs- und Unternehmensaktivitäten sowie Mitarbeiterqualifikationen

Erst seit dem Jahre 1999 erhebt das Statistische Bundesamt Daten zu F&E-Aktivitäten von Unternehmen - doch nur auf einem sehr hohen Aggregationsniveau.
Der Markt für Medizintechnik ist dabei separat nicht einsehbar. Dennoch haben
kostenpflichtige Sonderaufbereitungen der Wissenschaftsstatistik gGmbH im
Stifterverband der deutschen Wissenschaft (WSV)[145] für das Jahr 2001 ergeben,
dass medizintechnische Unternehmen insgesamt 675 Millionen Euro in F&E investierten. Einen Wert, der doppelt so hoch ist wie bei Industriewaren gesamt.
Von 1999 bis 2001 waren diese Aufwendungen deutlich oberhalb der Rate der
Umsatzzuwächse gestiegen. Um auch weiterhin in F&E eine gute Unternehmensposition am Markt einzunehmen, benötigt die Medizintechnik sehr gut ausgebildete Mitarbeiter. Etwa 6.200 bis 6.300 Personen beschäftigten die medizintechnischen Unternehmen im Jahre 2001. Insgesamt wurde das F&E-Personal zwischen 1997 und 2001 um insgesamt 35 % erhöht worden. Der Anteil der
Naturwissenschaftler und Ingenieure am F&E-Personal betrug 2001 58,1 %. Fast
70 % der F&E- Aufwendungen fiel auf elektromedizinische Geräte und Instrumente. Auf den Wirtschaftszweig 33.10.2 entfielen 25 %. Zahntechnische
Laboratorien waren unterdurchschnittlich im F&E-Bereich tätig - bei ihnen stand
mehr die Anfertigung individueller Produkte als das Experimentieren im Vordergrund. Mit einem Anteil von 13 % an den Patentanmeldungen deutscher

---

[145] Zitiert nach Bundesministerium für Bildung und Forschung (BMBF) (Hrsg.) (2005b), S. 71-85.

Unternehmen ist dieser Markt sehr innovativ. Im Vergleich der Patentanmeldungen zum Weltmarktanteil liegt Deutschland eher unter dem Durchschnitt.[146]

Ein Trend, der sich beobachten lässt, besteht in dem zunehmenden Zukauf von technischem Wissen. Dabei kooperieren kleine und mittlere Unternehmen sehr intensiv, während Großunternehmen eine vergleichsweise niedrigere Neigung zu F&E-Kooperationen haben. Auf dem Markt für Medizintechnik ist die Angst, originäres Wissen an Konkurrenten zu transferieren, sehr groß. In Amerika erhalten kleine und mittelständische Unternehmen ohne großen Aufwand und in kurzer Zeit benötigte Fremdkapitalsummen. Dies ist möglich in Folge von Venture-Capital-Aktivitäten. In Deutschland hat sich diese Praktik noch nicht durchgesetzt.[147] Im Medizintechnikbereich ist vielmehr der Verkauf eines Unternehmens an ein anderes, größeres die Regel. Zwischen 2001 und 2004 liefen über die Hälfte aller Mergers and Acquisitions Transaktionen über drei Konzerne: Medtronic, Boston Scientific und Johnson&Johnson. Die Übernahme des Kardiologiespezialisten Guidant durch den Mischkonzern Johnson&Johnson für rund 25 Milliarden US-Dollar gilt als die größte in dieser Zeit.[148]

3.3.2.2 Produktion medizintechnischer Güter

In der Medizintechnik mit ihren hochspezialisierten Gütern ist eine Klassifizierung mittels amtlicher Statistik äußerst diffizil. Im Jahre 2004 produzierten die Unternehmen der Medizintechnik im engeren Sinne Güter im Gesamtwert von 11,7 Milliarden Euro. Im Bereich der Medizintechnik i. w. S. waren es sogar 14,5 Milliarden Euro. Vergleicht man jedoch diesen Wert mit der Absatzproduktion des verarbeitenden Gewerbes, so beträgt sein Anteil insgesamt 1,4 %. Der Anteil der Güter der Medizintechnik innerhalb der gesamten Industrie ist somit quantitativ gesehen eher gering. Allerdings ist die jährliche Güterproduktion seit 1996 bis 2004 bei der Medizintechnik i. e. S. mit 6,9 % stärker gewachsen als die gesamte Produktion des verarbeitenden Gewerbes.[149]

[146] Vgl. Vogler-Ludwig, K., Leitzke, S. (Hrsg.) (2004), S. 35
[147] Vgl. Grönemeyer, D. H. W. (2005), S. 82, S. 93-95.
[148] Vgl. Landesbank Baden-Württemberg (Hrsg.) (2005), S. 12.
[149] Vgl. Deutsches Institut für Wirtschaftsforschung (DIW) Berlin (2001), S. 21-27.

Wie sieht im Detail das medizintechnische Produktspektrum aus? Welche Güter erwiesen sich 2004 als Ergebnistreiber, welche schmälerten den Wert der zum Absatz bestimmten Produktion? Mit 2,2 Milliarden Euro, dies entspricht einem Anteil von 15,3 % an allen Gütern, stellen die zahnärztlichen Materialien, Geräte und Systeme zusammen mit den bildgebenden Röntgenverfahren und Strahlentherapiegeräten (2,2 Millionen Euro) die größten Posten dar. An dritter Stelle werden sie gefolgt von sonstigen medizintechnischen Geräten und Vorrichtungen in Höhe von fast 1,9 Millionen Euro. Dies entspricht einem Anteil an allen Produkten in Höhe von 12,9 %. Hieran lässt sich klar die Problematik der eingangs formulierten Eingruppierbarkeit vieler Güter infolge ihrer Spezifität nachvollziehen. Mit 338 Millionen Euro belegen die Verbandmaterialien den letzten Rang. Sie weisen, neben den medizintechnischen Textilien und Produkten aus Kautschuk (-3,0 %) eine negative jährliche Veränderungsrate zwischen 1996 und 2004 in Höhe von minus 3,3 % auf. Alle anderen Positionen konnten im Verlauf von acht Jahren ihren Produktionswert steigern. Allen voran Implantate und Prothesen mit 13,5 % Veränderungsrate. Auch bildgebende Röntgenverfahren und Strahlentherapie erhöhten mit gut 1,1 Milliarden Euro (10,7 %) seit 1996 ihren Produktionswert.[150]

3.3.3 Quantitative Erfassung der Ebene der Kundennachfrage

3.3.3.1 Außenhandel

Die lange Tradition der deutschen medizintechnischen Unternehmen, international ausgerichtet zu sein, schafft der Branche einen großen Absatzmarkt mit Kunden im In- und Ausland. Doch wie hat sich zunächst der Außenhandel – bestehend aus Im- und Exporten - seit 1996 entwickelt? Im Betrachtungszeitraum von 1996 bis 2004 haben sich die Exporte der medizintechnischen Industrie i. w. S. mehr als verdoppelt (vgl. Anhang 7). Mit einer jährlichen Veränderung von 10,2 % gehört der Markt für Medizintechnik zu den exportstärksten Branchen Deutschlands. Zwischen 1996 und 2004 wurden knapp 90 % des gesamten Umsatzwachstums im Bereich der Medizintechnik i. w. S. im Ausland erzielt. Die

---

[150] Vgl. Bundesministerium für Bildung und Forschung (BMBF) (Hrsg.) (2005b), S. 25.

Exportquote[151] betrug 58,1 % im Jahre 2004 gegenüber 39,6 % im Jahre 1996. Der Teilbereich der Herstellung von elektromedizinischen Geräten und Instrumenten stellte dabei mit einer Exportquote in Höhe von 72,7 % im Jahre 2004 den stärksten Posten dar. Gefolgt war er vom Wirtschaftszweig 33.10.2, den Herstellern medizintechnischer Geräte, sowie den orthopädischen Vorrichtungen. Das Schlusslicht bildeten die zahntechnischen Laboratorien mit einer Exportquote von 9,8 %. Insgesamt aber werden 2004 fast 60 % des Umsatzes der Medizintechnik i. e. S. bei medizintechnischen Geräten (WZ 33.10.2) und orthopädischen Vorrichtungen (WZ 33.10.3) erzielt.

Der Auslandsumsatz hat sich in der Medizintechnik i.w.S seit 1996 deutlich dynamischer entwickelt als die inländische Nachfrage: Veränderungsraten in Höhe von 10,2 % (Import) und 9,2 % (Export) im Vergleich zu 3,6 % bei der Inlandsnachfrage bestätigen dies. Viele Hersteller forschungsintensiver medizintechnischer Geräte hatten somit gar keine andere Chance als sich stärker im Ausland zu orientieren, wollten sie am Markt überleben. Der Rückgang der Inlandsumsätze und eine starke Dollarwährung musste kompensiert werden. Und dennoch haben viele kleine Betriebe nicht überdauert.[152]

Zu Deutschlands größtem Handelspartner zählt die EU. 2004 wurden Produkte in Höhe von 4,6 Milliarden Euro in Länder der EU geliefert. Angesichts eines gesamt medizintechnischen Ausfuhrvolumens in Höhe von 12,5 Milliarden Euro stellte dies fast 40 % dar. Ein Vergleich mit dem gesamten Warenhandel Deutschlands mit der EU aber zeigt, dass der Exportanteil medizintechnischer Geräte sehr viel geringer ist, als die Handelsanteile beim Spezialhandel (55 %) in die EU. Anders verhält es sich beim Handel mit anderen Nationen wie etwa USA und Japan. Hier liegen die Anteile wesentlich höher als beim Gesamthandel.[153]

Betrachtet man den Export der einzelnen Produktgruppen detailliert, so fällt auf, dass insbesondere forschungsintensive Güter wie andere Elektrodiagnosegeräte und -systeme, bildgebende Röntgenverfahren und Strahlentherapie sowie Diagnostika und Reagenzien mit einem Anteil von 17 %, 13,4 % und 14,7 % am Ge-

---

[151] Exportquote = Auslandumsatz/Gesamtumsatz.
[152] Vgl. Bundesministerium für Bildung und Forschung (BMBF) (Hrsg.) (2005b), S. 62.

samtexportaufkommen in Höhe von 11,8 Milliarden Euro hohe Exportwerte auf-weisen. Hingegen finden standardisierte und weniger forschungsintensive Produk-te, wie etwa Therapiesysteme sowie chirurgische Geräte und Systeme, einen ge-ringeren Absatz im Ausland. Sie machen etwa 8 % aus. Implantate, Prothesen, audiologische Geräte, Textilien, Verbandmaterialien sowie ophtalmologische Geräte einzeln genommen fallen jedoch kaum ins Gewicht. Zusammen stellen sie etwa 17 % am Gesamtausfuhrwert dar. Bedenkt man jedoch, dass es sich hierbei um oftmals sehr individualisierte Produkte handelt, die insbesondere im Bereich der Prothetik mit verstärktem Dienstleistungseinsatz verbunden sind, ist diese Zahl nachvollziehbar. Innerhalb der einzelnen Produktgruppen lassen sich Güter identifizieren, die sich besonders positiv oder negativ auf den Ausfuhrwert aus-wirken. So spielen etwa Computertomographen, Röntgenapparate an sich und die Röntgenröhren eine starke Rolle im Export von bildgebenden Röntgenverfahren und Strahlentherapie, während Röntgenschirme mit gerade einmal 0,7 % zum Gesamtergebnis dieser Gruppe beitragen.

Betrachtet man als Gegenpart die Zahlen des Importvolumens (vgl. Anhang 8), so wurden 2004 insgesamt medizintechnische Güter im Wert von 5,4 Milliarden Euro im Rahmen der Medizintechnik i. e. S. nach Deutschland eingeführt. Bei der Medizintechnik i.w.S belief sich dieser Wert auf knapp 7,4 Milliarden Euro. Dabei machten Diagnostika und Reagenzien (15 %) sowie andere Elektrodiag-nosegeräte und -systeme (16 %) die größten Posten aus. Die bildgebenden Rönt-genverfahren spielen im Güterbündel des Imports mit gerade einmal 2,3 % eine deutlich geringere Rolle als bei den Exporten. Sie kommen noch hinter zahnärzt-lichen Materialien, ophtalmologischen Geräten sowie orthopädischen Hilfen und Geräten.

Versucht man im Bereich des Außenhandels Exportangebote und Importnachfra-ge gegenüberzustellen, so kann eine anschauliche Abschätzung der Wettbewerbs-situation Deutschlands in der Medizintechnik sowie seiner Produktgruppen ge-geben werden. Mit Hilfe des sogenannten RCA-Wertes, dem revealed compara-tive advantage, kann die Stärke Deutschlands bei der Produktion medizintech-

---

[153] Vgl. Bundesministerium für Bildung und Forschung (BMBF) (Hrsg.) (2005b), Anhang Tab. I-21.

nischer Güter mit seinen Spezialisierungsvorteilen, gemessen werden.[154] Hierbei werden die Medizintechnik-Exporte und Importe zueinander ins Verhältnis gesetzt. Ein komparativer Vorteil liegt dann vor, wenn RCA positiv ist. Betrachtet man eine Aufstellung ausgewählter Außenhandelskennziffern aus 2002, so wird ersichtlich, dass es ausländischen Anbietern immer besser gelingt, sich auf dem deutschen medizintechnischen Markt zu positionieren. Im Bereich der Ver- und Gebrauchsgüter - hierunter fallen etwa Heftpflaster, Watte, Reagenzien, Hohlnadeln, Herzschrittmacher oder künstliche Zähne - musste Deutschland bereits seine komparativen Vorteile aufgeben. Positive komparative Vorteile hingegen liegen noch bei Investitionsgütern vor.[155]

Angesichts der großen Bedeutung des Außenhandels stellt sich die Frage, wie die Kundennachfrage auf dem Inlandsmarkt zu sehen ist. Da sich technologische Innovationen im Ausland besonders gut verkaufen, wenn sie sich auf dem Inlandsmarkt bewährt haben, soll im Folgenden die Inlandsnachfrage näher erörtert werden.

3.3.3.2 Inlandsmarkt

Unter der Inlandsnachfrage versteht man den Wert der Absatzproduktion zuzüglich des Importwertes von medizintechnischen Produkten nach Deutschland, abzüglich des Exportwertes von medizintechnischen Produkten aus Deutschland. 2004 betrug der Wert der Inlandsnachfrage knapp 9,7 Milliarden Euro für die Medizintechnik i. e. S. (vgl. Anhang 9). Dies entspricht einer jährlichen Veränderung über die Periode 1996/2004 hinweg von 3,6 %.

Die Inlandsnachfrage der Medizintechnik i. e. S. ist zwischen 1996 und 2004 um mehr als 30 % gestiegen (vgl. Tabelle 3). Das verarbeitende Gewerbe hingegen verzeichnete nur eine rund 16 %-tige Nachfrage. Betrachtet man die Medizintechnik i. e. S., so lag die Veränderung sogar bei 4,6 % pro Jahr (46 % über die Betrachtungsperiode hinweg). Mit 1,6 Milliarden Euro beziehungsweise einem Anteil von 16 % stellen die zahnärztlichen Materialien, Geräte und Systeme den größten Teil der Inlandsnachfrage der Medizintechnik i. e. S. dar. Gleichzeitig

---

[154] Vgl. Schumacher, D., Legler, H., Gehrke, B. (2003), S. 103.
[155] Vgl. Raab, S., Weiß, J.-P. (2004), S. 747-748.

haben sie sich jedoch seit 1996 in ihren Absolutwerten kaum verändert: eine nur 0,1 % durchschnittliche, jährliche Veränderung bestätigt dies. Gerade dieser Bereich ist stark von der Diskussion um Kostenerstattung sowie von Gesetzgebungsänderungen betroffen. Auffallend ist, dass die Gruppe bildgebende Röntgenverfahren und Strahlentherapie mit einer wertmäßigen Inlandsnachfrage in Höhe von 810 Millionen Euro nicht einmal die Hälfte der Absatzproduktion (2,2 Milliarden Euro) erreicht. Fast durchgängig steigt in Produktionsbereichen mit überdurchschnittlicher Inlandsnachfrage die Absatzproduktion der Unternehmen ebenfalls überdurchschnittlich an.

Gruppe	Werte in jeweiligen Preisen in 1000 €					Jährliche Veränderung 1996/2004 in %
	1996	2000	2001	2003	2004	
Textilien und Produkte aus Kautschuk für den medizinischen Bedarf	203.748	141.273	163.054	199.721	189.920	0,5
Verbandmaterialien	528.087	520.052	504.233	583.303	538.557	1,0
Diagnostika und Reagenzien	619.977	871.544	739.354	1.001.650	964.885	6,0
Bildgebende Röntgen-Verfahren und Strahlentherapie	408.649	660.157	711.966	889.088	810.695	11,3
Andere Elektrodiagnose-geräte und -systeme	490.755	894.607	346.893	505.985	342.187	-2,9
Therapiesysteme	440.927	1.015.002	848.019	726.557	579.378	5,5
Chirurgische Geräte und Systeme, Spritzen, Nadeln und Katheter u.a. Apparate und Geräte	756.159	968.054	1.013.546	1.023.036	983.107	3,6
Sonstige medizintechnische Geräte und Vorrichtungen	817.934	959.453	1.084.165	1.174.632	1.292.868	4,8
Implantate und Prothesen, Audiologische Geräte und Systeme	677.686	1.044.422	1.116.394	1.286.319	1.344.801	8,3
Zahnärztliche Materialien, Geräte und Systeme	1.420.185	1.365.823	1.362.012	1.459.119	1.598.406	0,1
Ophtalmologische Geräte und Systeme	611.018	655.577	629.826	605.300	349.687	-3,7
Orthopädische Hilfen, Geräte, Vorrichtungen und Fahrzeuge für Gehbehinderte	474.204	590.053	606.434	680.738	711.333	6,3
Summe	7.449.328	9.686.016	9.125.896	10135448	9.705.824	3,6
Summe 33.10	4.885.737	6.929.720	6.445.884	7.125.266	7.126.631	4,6

Tabelle 3:   **Inlandsmarkt für Medizinprodukte in Deutschland nach Hauptgruppen[156]**

Wenn man sich die durchschnittlich, jährliche Veränderung ansieht, steigt seit 1996 pro Jahr die Inlandsnachfrage um 11,3 %. Da die Inlandsnachfrage nicht die Ausgaben auf der Nachfrageseite impliziert und die Importnachfrage in diesem Bereich nach ausländischen Gütern nur schwach gestiegen ist[157], folgt im Zuge

---

[156] Eigene Darstellung nach Hornschild, K., Raab, S., Weiss, J.-P. (2005), S. 294.
[157] Vgl. Kap. 3.3.3.1.

der mathematischen Gleichung der Inlandsnachfrage auch ein Anstieg der Produktion. Ausnahmen bilden die anderen Elektrogeräte und -systeme. Sie verzeichnen eine negative Durchschnittsveränderung der Inlandsnachfrage pro Jahr seit 1996, doch verzeichnen sie überdurchschnittliche Wachstumsraten in der Absatzproduktion. Diese Dynamik ist eine Auswirkung der starken Auslandsnachfrage nach diesen Produkten. Mit 1,3 Milliarden Euro und einer jährlichen Veränderungsrate von 8,3 % stellt die Gruppe Implantate und Prothesen (inklusive audiologischer Geräte und Systeme) nach den bildgebenden Röntgenverfahren und Strahlentherapien ein enormes Nachfragepotential dar. Bei Textilien und Produkten aus Kautschuk, bei Verbandmaterial, chirurgischen Geräten und Systemen sowie bei Implantaten übersteigt 2004 die Inlandsnachfrage die Inlandsproduktion. Schwankungen der Werte der Inlandsnachfrage seit 1996 lassen sich vor allem im Bereich anderer Elektrodiagnosegeräte und –systeme erkennen. Die längeren Austauschzyklen langlebiger Investitionsgüter spielen hierbei eine entscheidende Rolle.

Insgesamt lässt sich feststellen, dass die medizintechnische Güternachfrage von der im Jahre 2001 einsetzenden, gesamtwirtschaftlichen Rezession nicht tangiert wurde. Vielmehr profitiert sie von einer positiven Exportzunahme und einem schwachen Euro. Dennoch darf nicht übersehen werden, dass geringe Investitionen in die Medizintechnik im Inland langfristig den Standort Deutschland gefährden. Die Endoskopie etwa wird heute zu 80 % aus Japan reimportiert. Wiederum zu 80 % wird der Endoskopiemarkt von einem einzigen japanischen Unternehmen dominiert.[158]

3.3.4 Markt für elektromedizinische Geräte - Ein Branchenbeispiel

Um die Komplexität der medizintechnischen Branche greifbar zu machen, soll an dieser Stelle ein kurzer Blick auf einen spezifischen Teilbereich des medizintechnischen Marktes geworfen werden. Nachdem bereits die historische Entwicklung der elektromedizinischen Industrie aufgezeigt wurde, bietet es sich an, auch in diesem Punkt den Markt für elektromedizinische Geräte als Beispiel heranzuzie-

---

[158] Vgl. Grönemeyer, D.H.W. (2001), S. VIII.

hen. Es soll gezeigt werden, wie vielschichtig selbst die alleinige Betrachtung eines Marktsegmentes ist.

Die elektromedizinische Technik besteht insgesamt aus fünf Warengruppen: den bildgebenden Verfahren, der Nuklearmedizin, medizinischen Elektroniksystemen, der Ultraschalldiagnostik und sonstigem wie etwa IT-Bedarf.[159] Ausgehend von diesem Überblick lässt sich nochmals eine Aggregationsebene tiefer gehen, indem man speziell den Markt für bildgebende Ultraschalldiagnostik betrachtet (siehe Tabelle 4).

Gerät	Preisklasse in 1000 €	1996	1997	1998	1999	2000	2001	2002	2003
Graubild-Ultraschallgerät	bis 30	3.157	3.222	4.237	3.512	2.789	788	2.780	2.930
Kleine Farbduplex-Systeme	30 bis 45	396	294	755	639	676	412	847	1.131
Anspruchsvolle Farbduplex-Systeme	46 bis 130	701	788	800	943	589	275	771	777
High-End-Sonographen	76 bis 130	148	271	296	368	420	159	480	436
Premium-Klasse	über 130	87	110	146	149	261	26	67	61
Gesamt (in Stück)		**4.489**	**4.685**	**6.234**	**5.611**	**4.735**	**1.660**	**4.945**	**2.117**
Inlandsumsatz in Mio € (incl. Zubehör, Schallköpfe, Upgrades und Service)		175	180	213	239	243	67	240	240

Tabelle 4: Stückzahlen und Umsatz von Ultraschallgerätetypen (1996-2001)

Aufgesplittet in unterschiedliche Geräte, die am Markt verfügbar sind, kann der Inlandsumsatz tiefgreifend analysiert werden. So ging die Zahl der verkauften Geräte in der Konjunkturschwäche zwischen 2000 und 2001 dramatisch zurück. Dies lag insbesondere an einem Einbruch der Graubild-Ultraschallgeräte von 2789 auf 788 Stück im Jahre 2001 sowie der Premiumklasse von 261 auf 26 Stück. Die Heterogenität des Marktes für Medizintechnik spiegelt sich somit nicht nur an seiner breiten Produktpalette, sondern auch in der statistischen Erfassung. Je nach Art und Tiefe der Abgrenzung kann es zu großen Unterschieden kommen.

---

[159] Vgl. Zentralverband Elektrotechnik- und Elektroindustrie e. V. (ZVEI) (2005b), S. 6-7; Fachverband Elektromedizinische Technik (2005).

3.4 Kosten- oder Sparpotential - Ökonomie der Medizintechnik

3.4.1 Unternehmen der Medizintechnik zwischen Regulierung und Marktwirtschaft

Immer wieder werden Stimmen laut, die Medizintechnik sei ein gewichtiger Kostentreiber für das Gesundheitswesen in Deutschland. Diese Argumentation steht den Unternehmen des medizintechnischen Marktes entgegen, da als Folge eine negative Auswirkung auf die Nachfrage nach Medizintechnik zu befürchten ist. Ist Medizintechnik ein Kostentreiber oder eher Sparpotential? Um dieser Frage nach zu gehen und die Konsequenzen daraus für die Unternehmen auf dem Medizintechnikmarkt einsehen zu können, ist es bedeutend, sich zunächst einen Überblick über den Mechanismus des Medizintechnikmarktes zu verschaffen. Hierfür wird in einem ersten Schritt eine ideale, rein marktliche Koordination der medizintechnischen Branche betrachtet, um in einem zweiten Schritt die Diskrepanz zur Realität aufzuzeigen.[160] Immer agieren dieselben Hauptakteure auf dem medizintechnischen Markt: der Staat, private Medizintechnikunternehmen, Ärzte und ihre Verbände, Krankenhäuser, Krankenkassen sowie Patienten. Dabei wenden sich die gewinnorientierten Medizintechnikunternehmen nicht direkt an die Patienten, sondern entscheidend ist das direkte Verhältnis zu den Ärzten als „leistungserbringenden und vermittelnden Intermediär"[161].

Wie sieht nun das Verhaltenskalkül der medizintechnischen Akteure im Idealfall aus? Private und profitorientierte medizintechnische Unternehmen bieten auf dem Markt ihre Produkte an. Aufgrund der Konkurrenz der Anbieter um Marktanteile unterscheiden sich die Güter in Art, Qualität und Preis. Nachfrager sondieren das Angebot an Gütern und stellen Produktvergleiche an. Hierzu evaluieren sie Kosten, Nutzen, Anwendungsmöglichkeit des neuen Gerätes und vergleichen es mit dem Alten. Investiert wird dann, wenn eine Verbesserung der medizintechnischen Anwendungsmöglichkeiten vorliegt beziehungsweise ein positives, ökonomisches Evaluationsergebnis entsteht. Der Staat ist dabei investitionsneutral, das heißt, er

---

[160] In Anlehnung an Klump, R., Plagens, M. (2000), S. 371-373.
[161] Wanek, V. (1989) zitiert nach Braun, H. (1995), S. 129.

beteiligt sich nicht an der Investitionsentscheidung, indem er weder Verordnungen noch Richtlinien erlässt beziehungsweise Investitionsbeihilfen gewährt. Allerdings ist es selbst in dieser Idealvorstellung von Wichtigkeit, dass der Staat Rahmenbedingungen festlegt. Zudem ist er auch aufgefordert, korrigierende Eingriffe infolge des öffentlichen Charakters des Gutes Gesundheit vorzunehmen. Ins Blickfeld rückt hier der Bereich der Forschung und Entwicklung. Mit Hilfe von Patentrechtsgesetzen oder staatlicher Bildungs- und Forschungspolitik kann so der suboptimalen Ressourcenallokation in Folge der Free-Rider-Problematik im Falle privater Aktivitäten begegnet werden. Ein anderer Aspekt bezieht sich auf die Nachfrageseite. In diesem idealen Marktmechanismus bestünde für Patienten kein Anreiz, Moral Hazard gegenüber der Versicherung auszunutzen. Denn jeder Patient trägt die Kosten der Untersuchung oder einen entsprechenden Anteil selbst. Deshalb wird er von Anfang an auf Untersuchungen mit medizintechnischen Geräten verzichten, die infolge einer Kosten-Nutzen-Abwägung etwa für die Diagnose seiner Krankheit nicht benötigt werden. Mehrfachuntersuchungen werden somit vermieden. Im Falle einer idealen Marktkoordination werden Entscheidungen über die Anzahl vorgenommener Untersuchungen dem funktionierenden Marktmechanismus überlassen.

Anders stellt sich die Marktsituation in der Realität dar. Das Gesundheitssystem ist typischerweise durch drei Merkmale gekennzeichnet: die medizinische Versorgung wird über Drittmittel finanziert, nicht über Steuern. Ferner agieren die Anbieter medizintechnischer Güter auf einem Markt, der staatlichen Reglementierungen unterworfen ist. Und zuletzt sind viele Non-Profit Institutionen am Markt vertreten.[162] Markteintrittsbarrieren bestehen auch in Form von Zulassungsverfahren. Die Größe des Marktes wird zudem nicht durch die Anzahl der Bevölkerung bestimmt, sondern durch die Höhe der Ausgaben für Gesundheit. Der Staat ist nun nicht alleine Rahmengesetzgeber, der einen Wettbewerb im Gesundheitswesen zulässt, sondern er greift regulierend in den medizintechnischen Markt ein. Er gestaltet nicht nur den Rahmen der Sozialgesetzgebung und schafft die Grundlagen für die Ausgestaltung der Krankenversicherung, sondern er betätigt sich auch als Reformer des Gesundheitswesens. Begründet wird dieses Eingreifen

---

[162] Vgl. Leu, R. E. (1988); S. 22.

des Staates stets infolge von Informationsasymmetrien, der Unvollkommenheit der Versicherungsmärkte, des Vorliegens von Marktversagen infolge der Gesundheit als öffentliches Gut und der unvermeidbaren externen Effekte verschiedener Risikogruppen. Unter diesen Bedingungen versuchen die medizintechnischen Anbieter möglichst viele, neue, teure und innovative Geräte abzusetzen. Die Nachfrager wiederum streben eine optimale medizinische Versorgung an. Dies bedeutet: auf der einen Seite fehlt den Herstellern ein wichtiger Orientierungspunkt einer preisgesteuerten Nachfrage, auf der anderen Seite fehlt den Patienten jeder Anreiz, einen angestrebten Gesundheitszustand möglichst kostengünstig zu erreichen: er wird nicht direkt monetär be- oder entlastet. Dies führt zur Principal-Agent-Problematik im Arzt-Patientenverhältnis: der Patient fragt stets nach neuester Technologie, da er an den Kosten nicht individuell beteiligt wird. [163] Auf der einen Seite erhält man ein sich selbst speisendes System zu einer permanenten Nachfrage nach Innovationen. Auf der anderen Seite jedoch erfolgt kein Verzicht auf Mehrfachuntersuchungen. Die Akteure, insbesondere die Patienten, nutzen die Marktferne aus, um ihre eigenen Interessen zu verfolgen. Dies stellt für Unternehmen auf dem medizintechnischen Markt ein erhebliches Absatzproblem auf dem Inlandsmarkt dar.[164]

Damit Hersteller medizintechnischer Produkte auf dieses Phänomen angemessen reagieren können, müssen sie die verborgenen Wirtschaftskalküle der Akteure kennen. Im Folgenden soll die Medizintechnik zunächst aus volkswirtschaftlicher Perspektive betrachtet werden. In einem nächsten Schritt steht sie im Fokus des Wirtschaftskalküls ausgewählter Branchenakteure: Wie fällen die Akteure im gegenwärtigen Marktmechanismus medizintechnische Investitionsentscheidungen? Welche Wirkungen kann eine gesundheitsökonomische Medizintechnikbewertung haben und wie funktioniert sie? Dies stellt einen weiteren wesentlichen Aspekt dar, um im Folgenden die Konsequenzen der Ökonomie der Medizintechnik für das unternehmerische Handeln erfassen zu können.

---

[163] Vgl. Oberender, P. O., Hebborn, A., Zerth, J. (2002), S. 135.
[164] Vgl. Kapitel 3.2.3.

3.4.2 Medizintechnik im Ausgabenkalkül des Gesundheitswesens

3.4.2.1 Einfluss auf die Gesundheitsausgaben

Gesundheit ist ein sogenanntes superiores Gut. Hierunter versteht man, dass sich, mit zunehmendem Einkommen, die Präferenzrelationen verschieben und es zu einem überproportionalen Nachfragewachstum kommt.[165] Nicht ohne Grund werden die Ausgaben für Gesundheit in der wirtschaftspolitischen Diskussion größtenteils als Kostenfaktor gesehen. Zwar werden von den Herstellern oftmals Entscheidungshilfen für die Verwender dargelegt, doch sind diese aus betriebs-wirtschaftlicher Sicht entstanden: Amortisationsrechnungen oder Kosten-Nutzen-Rechnungen stehen hier im Mittelpunkt.[166] Doch wie sieht die volkswirtschaf-tliche Perspektive aus? Während die weltweite Wertschöpfung zu Beginn des 21. Jahrhunderts stagnierte oder rückläufig war, sind in den meisten Industrienationen die Gesundheitsausgaben erheblich gestiegen (vgl. Anhang 10). Der Anteil der Gesundheitsausgaben am Bruttoinlandsprodukt stagnierte in der zweiten Hälfte der 90er Jahre, stieg dann 2000/2001 wieder an und erreichte 2003 11,3 %. Ins-gesamt betrugen die Ausgaben für Gesundheit im Jahre 2003 knapp 240 Mil-liarden Euro. 28 % aller Ausgaben für Gesundheitsleistungen entfielen auf Kran-kenhäuser. Ambulante Arztpraxen und staatliche Langzeitpflegen machten je 13 % aller Ausgaben aus. Sonstige ambulante Einrichtungen wiesen 4 % auf. Zahnarztpraxen erwirtschafteten einen Anteil von 13 %, Hilfsmittel 7 % und Ver-waltung und Sonstiges, einschließlich der Ausgaben für Investitionen, 14 %.

Welchen Anteil nimmt nun die Medizintechnik im Rahmen dieser Gesundheits-ausgaben ein? Bewertet zu Einkaufspreisen fragten Einrichtungen des Gesund-heitswesens in Deutschland im Jahre 2002 etwa 17,9 Milliarden Euro an Medizin-technik nach. Mit einem Anteil von 34 % bildete der Krankenhausbereich den größten Teilmarkt. Zahnarztpraxen und der Hilfsmittelhandel stehen an zweiter Stelle, gefolgt von Arztpraxen (12 %), stationäre Langzeitpflege (7 %) sowie Ver-waltung und Sonstiges (8 %). Der Anteil der Medizintechnik machte demnach knapp 8 % an den gesamten Gesundheitsanteilen aus. Kann hierbei von einem einflussreichen Kostenfaktor gesprochen werden? Betrachtet man – ausgehend

---

[165] Vgl. Meyer, D. (1993), S. 6.
[166] Vgl. Schöffski, O. (o.J.), S. 10.

von der Krankheitskostenrechnung - die medizintechnischen Ausgaben nach Krankheitsgruppen, so lässt sich Erstaunliches feststellen. Die höchsten direkten Krankheitskosten entfallen mit 35,4 Milliarden Euro auf Krankheiten des Kreislaufsystems. Gefolgt werden sie von Krankheiten des Verdauungssystems (31,1 Milliarden Euro), dem Skelett-Muskel-System (25,2 Milliarden Euro), psychischen Störungen (22,4 Milliarden Euro) und Neubildungen (14,7 Milliarden Euro). Stets liegen die Krankheitskosten je Einwohner bei den Frauen über denen der Männer.[167] Frauen werden folglich auch mehr Medizintechnik nachfragen. Vergleicht man nun aber die Ausgabenstruktur für Medizintechnik mit der Struktur der Krankheitskosten, so ist eine deutliche Diskrepanz festzustellen. In Deutschland ist ein überdurchschnittlicher Medizintechnikanteil an folgenden Krankheitsgruppen festzustellen: Krankheiten des Kreislaufsystems, Muskel-Skelett- und Bindegewebserkrankungen, Krankheiten der Augen und der Augenanhangsgebilde, angeborene Fehlbildungen, Deformitäten, Krankheiten des Verdauungssystems und Endokrine, Ernährungs- und Stoffwechselkrankheiten.[168]

Wenn somit die Ausgabenstruktur für den Einsatz von Medizintechnik von der Struktur der Krankheitskosten abweicht, könnte den Kritikern des medizintechnischen Fortschritts argumentativ begegnet werden. Mit nur 1 % tragen medizinische Großgeräte in Deutschland zu den jährlichen Ausgaben für Gesundheit bei. Hierin sind bereits Investitionen (0,2 %) und alle Kosten enthalten, die dem Gesundheitswesen aus der Anwendung dieser Systeme entstehen (0,8 %). Der Ausgabenanteil der gesamten elektromedizinischen Technik wird auf 5 % geschätzt.[169] Der Einfluss der Medizintechnik auf die Gesundheitsausgaben ist so gesehen kein Kostentreiber.

3.4.2.2 Einfluss auf die Beitragssatzentwicklung der GKV

Die Gesundheitsausgaben werden überwiegend von der gesetzlichen Krankenversicherung (GKV) finanziert. Mit knapp 57 % stellt sie den wichtigsten Ausgabenträger dar.[170] Immer wieder ist die Erhöhung der Beitragssätze der GKV ein stark emotionalisiertes Thema. Dabei argumentieren Vertreter der GKV, dass der Aus-

---

[167] Vgl. Statistisches Bundesamt (Hrsg.) (2004a), S. 9, 16.
[168] Vgl. Statistisches Bundesamt (Hrsg.) (2005a), Tabelle 1.2.
[169] Vgl. Reinhardt, E. R. (2005), S. 4.

gabenlast des medizinischen Fortschritts nur auf diesem Wege zu begegnen sei. In der Vergangenheit sind die Beiträge zu GKV bis 2003 kontinuierlich gestiegen.[171] Seit der Gesundheitsreform sollten diese eigentlich gesenkt werden, doch zeichnet die Realität mit Ausnahmen ein anderes Bild. Welche Rolle spielt in dieser Dynamik die Medizintechnik wirklich? Wie sieht ihr Einfluss auf den gesetzlichen Beitragssatz aus? Ist sie ein Kostentreiber? Der Anteil des medizintechnischen Fortschritts an der Erhöhung der Beitragssätze wird in der Fachwelt kontrovers diskutiert. Deshalb sollen zur Erörterung dieser Frage drei Gutachten herangezogen werden, die sich im Rahmen von Modellrechnungen mit der Entwicklung des Beitragssatzes unter Einfluss des medizintechnischen Fortschritts in Zukunft befassen.

Eines der meist zitierten Gutachten in diesem Zusammenhang ist jenes der Prognos AG.[172] In diesem Modell wird von einer Fortschreibung des Status quo der Gesundheitspolitik ausgegangen: das Prinzip der einnahmeorientierten Ausgabepolitik gilt auch weiterhin. Es kann somit von diskretionären staatlichen Eingriffen ausgegangen werden. Prognos stützt sich auf ein zwei-stufiges Verfahren, um Einflüsse auf die GKV-Ausgaben zu analysieren. Zunächst werden der demographische Wandel und der medizinische Fortschritt als Einflussfaktoren getrennt prognostiziert und dann zusammengefügt. Es ist darauf hinzuweisen, dass der medizintechnische Fortschritt nicht explizit modelliert wird, sondern unter dem allgemeinen medizinischen Fortschritt subsummiert ist. Indem Prognos reale Pro-Kopf-Ausgaben in fünf Altersklassen mit jährlichen Wachstumsraten von 1,2-1,7 % unterstellt, gelingt es, den medizinischen Fortschritt zu berücksichtigen. Für die so erstellten Altersprofile gelten unter anderem folgende Annahmen: gegliedert in ein unteres und ein oberes Szenario wachsen die realen Pro-Kopf-Ausgaben im unteren Szenario langsamer als im oberen, doch in beiden wachsen diese Ausgaben im Durchschnitt etwa so schnell wie die realen Bruttoentgelte. Während im oberen Szenario angenommen wird, dass sich die Ausgabenintensität weiter zu der älteren Bevölkerung verschiebt, wird im unteren von einer parallelen Entwicklung der Ausgaben ausgegangen. Die Einnahmen der GKV werden

[170] Vgl. Bundesamt für Gesundheit (Hrsg.) (2005), Tabelle 10.1.
[171] Vgl. Bundesamt für Gesundheit (Hrsg.) (2005), Tabelle 10.11.
[172] Vgl. Eckerle, K. (Hrsg.) (1998), S. 83-90.

für den Prognosezeitraum fortgeschrieben. Prognos gelangt zu dem Ergebnis, dass im Jahre 2040 von einem Beitragssatz - je nach betrachtetem Szenario - zwischen 15,4 bis 15,9 % ausgegangen werden kann.[173]

Auch das Deutsche Institut für Wirtschaftsforschung (DIW) entwickelte einen Schätzansatz für die Beitragssatzentwicklung in der GKV.[174] Er basiert auf einem von Breyer und Ulrich in ihrer GKV-Projektion aufgestellten Regressionsmodells.[175] Dieses orientierte sich nicht an einer Hochrechnung altersspezifischer Ausgabenprofile, wie es Prognos tat, sondern nutzt ökonometrische Schätzungen. Als signifikante Determinanten der Ausgabenentwicklung werden hier die Einkommensentwicklung, die Altersstruktur der Versicherten sowie ein autonomer Zeittrend, der die Pro-Kopf-Ausgaben pro Jahr um 1 % wachsen lässt, angesehen. Im besagten Zeittrend spiegelt sich in diesem Modell der qualitäts- und kostensteigernde medizinische Fortschritt wider. Szenario 1 unterstellt ein realistisches Wachstum des Volkseinkommens. Der Beitragssatzspitzenwert liegt hier im Jahre 2040 bei 34 % (ohne eine Veränderung der Leistungsrechte). Szenario 2 verzeichnet in Folge einer höheren Arbeitsproduktivität von 3 % einen Beitragssatz in Höhe von 28,4 %. Man sieht, dass ein höheres Wachstum des Volkseinkommens die Beitragssatzentwicklung deutlich dämpft. Mit 22,6 % ist der prognostizierte Beitragssatz in Szenario 3 am geringsten. Allerdings fällt hier eine Kostensteigung infolge des medizinischen Fortschritts weg. Es spiegelt alleine die allgemeine Wirtschaftentwicklung und den demographischen Alterungseffekt wider. Dieser Fall ist als hypothetisch zu betrachten, außer es gelingt, die Effizienz der Leistungserstellung in gleicher Geschwindigkeit zu verbessern, wie Qualitätsverbesserungen bei den Gesundheitsgütern die Ausgaben steigen. Dies kann aber nur dann gelingen, wenn institutionelle Innovationen vorangetrieben werden, etwa die integrierte Versorgung. Es fällt im DIW-Modell auf, dass selbst ohne medizinischen Forschritt ein beachtliches Potential zur Ausgabensteigung besteht.

---

[173] Vgl Eckerle, K. (Hrsg.) (1998), S. 90.
[174] Vgl. Deutsches Institut für Wirtschaftsforschung (DIW) Berlin (2001), S. 112-117.
[175] Vgl. Breyer, F.; Ulrich, V. (2000).

Da bislang alle Medizintechnik nur implizit modelliert wurde, stellt sich die Frage, wie sich der Beitragssatz bei einer expliziten Formulierung des medizintechnischen Fortschritts entwickelt. Ein von Hof (2001) erstelltes Gutachten untersucht die Entwicklung der GKV-Beiträge, indem er einmal von einem autonomen Ausgabenanstieg infolge der medizintechnischen Entwicklung absieht, diesen in einer zweiten Variante aber explizit aufnimmt.[176] Auch Hof nutzt, wie Prognos, Altersprofile der Leistungsausgaben. Er untersucht einen extremen und einen gemäßigten demographischen Ansatz. Während das extreme Szenario von einer unveränderten Geburtenentwicklung mit deutlich steigender Lebenserwartung unter Verzicht auf Nettozuwanderung ausgeht, unterstellt der gemäßigte Ansatz einen mäßigen Anstieg der Lebenserwartung sowie eine arbeitsmarktabhängige Nettozuwanderung. Ein rein demographisch bedingter Einfluss bewirkt im Jahre 2040 - laut Hof - einen Beitragssatz zwischen 16,3 und 18,1 %. Da jedoch die Annahme unveränderter Ausgabenprofile nicht der Realität im Gesundheitswesen entspricht, wird die Beitragssatzentwicklung ferner unter Einbezug des medizintechnischen Fortschritts berechnet. Infolge steigender Krankenversicherungs-Ausgaben für die steigende Anzahl an Rentnern sowie demographisch bedingter Beitragsausfälle, wird für das Jahr 2040 ein Beitragssatz zwischen 19,4 % und 22,3 % prognostiziert. Beitragssatzentwicklungen von 26 % können, nach Hof, langfristig nicht ausgeschlossen werden, jene unterhalb der 20 %-Marke jedoch schon.[177]

Infolge der Analyse der Auswirkung der Medizintechnik auf den Beitragssatz lässt sich feststellen, dass der medizintechnische Fortschritt durchaus als Kostentreiber wirkt. Allerdings darf nicht übersehen werden, dass nicht nur Kostenaspekte von Gesundheitsleistungen zu berücksichtigen sind, sondern immer auch wachstumsfördernde Aspekte ins Blickfeld gerückt werden müssen.

---

[176] Vgl. Hof, B. (2001), S. 128-140.
[177] Vgl. Hof, B. (2001), S. 152.

3.4.3 Medizintechnik im Bewertungskalkül der Gesundheits- ökonomen

3.4.3.1 Health Technology Assessment (HTA)

Wie kann im Folgenden Medizintechnik im Bewertungskalkül der Gesundheits- ökonomie gesehen werden? Neue medizintechnische Produkte finden im Ge- sundheitswesen schnell Verbreitung. So dauerte es nur drei Jahre, bis der Magnet- resonanztomograph in den Leistungskatalog der gesetzlichen Krankenver- sicherung aufgenommen wurde. Das Antiblockiersystem in der Automobilbran- che im Vergleich benötigte 18 Jahre, bis es in die Serienausstattung des VW Golf übernommen wurde.[178] Möchte nun ein Medizintechnikhersteller, dass sein Pro- dukt von den gesetzlichen Krankenkassen übernommen wird, muss er Studien vorlegen können, die dem Produkt eine gesundheitsökonomische Effizienz be- scheinigen. Eine rein medizinische Nutzenbetrachtung zur Beurteilung einer Maß- nahme ist dabei nicht ausreichend. Anstelle der Effektivität, das bedeutet das me- dizinische Ergebnis einer Maßnahme zu beurteilen, muss auch die Effizienz und somit die dem Ergebnis der Maßnahme gegenübergestellten Kosten ins Kalkül gezogen werden.[179] Medizintechnik kann aber in medizinischen und ökono- mischen Evaluationen immer nur in Bezug auf bestimmte Einsatzgebiete hin evaluiert werden.[180]

Mit Health Technology Assessment (HTA) wird die systematische Bewertung medizinischer Verfahren und Technologien bezeichnet, die seit Mitte der 1990er Jahre in das deutsche Gesundheitswesen eingebunden wird. Unter Technologien werden dabei Produkte, wie etwa Arzneimittel und technische Geräte, medizin- ische Verfahren aber auch übergeordnete Prozesse zusammengefasst. Indem HTA die Wirksamkeit und Kosten, aber auch ethische, psychosoziale, juristische und organisatorische Implikationen neuer und etablierter medizinischer Technologien ermittelt, kann es als Entscheidungshilfe für Politik und Praxis eingesetzt werden.[181] Häufig geht es um die Entscheidung zur Übernahme oder den Verbleib im Leistungskatalog der gesetzlichen Krankenversicherung. Diese Entschei-

---

[178] Vgl. Kartte, J., Neumann, K., Kainzinger, F., Henke, K.-D. (2005), S. 20.
[179] Vgl. Schöffski, O. (2001), S. 687.
[180] Vgl. König, H.-H. (1993), S. 93-94.
[181] Vgl. Perleth, M. (2004), S. 173.

dungen werden in den Gremien der gemeinsamen Selbstverwaltung getroffen. Das Wichtigste ist der gemeinsame Bundesausschuss. Weitere Organisationen sind der Medizinische Dienst der Krankenversicherung in Verbindung mit dem Medizinischen Dienst der Spitzenverbände der Krankenkassen.

Ein HTA durchläuft im Laufe des Bewertungsprozesses ganz bestimmte Phasen.[182] Zunächst werden, im Rahmen eines sogenannten „early warning" die zu evaluierenden Technologien identifiziert. Dies übernimmt ein vom Bundesministerium für Gesundheit und soziale Sicherung (BMGS) berufenes Kuratorium, das sich aus Vertretern der Selbstverwaltung sowie Repräsentanten von Patient und Industrie als Beobachtern zusammensetzt. Es ist erforderlich, dass eine klar formulierte und präzise Fragestellung konzipiert wird, die sich am Entscheidungsbedarf orientiert. Die eigentliche Ausführung des HTA erfolgt, indem die Aspekte Sicherheit/Verträglichkeit, Wirksamkeit unter idealen und realen Bedingungen epidemiologischer Aspekte wie etwa die Bedarfsschätzung, Kosten-Nutzen-Relationen, aber auch soziale, rechtliche und ethische Implikationen bewertet werden.[183] Danach werden die Ergebnisse und Schlussfolgerungen des HTA an die relevanten Entscheidungsträger oder Auftraggeber übermittelt, welche dann für die Implementierung in der Praxis verantwortlich sind. Mittels eines sogenannten „impact assessment" erfolgt eine Art Rückkoppelung, welche Einschätzungen über das Ausmaß der beabsichtigten Änderungen für die Praxis sowie das Gesundheitssystem dokumentiert. Kommen die HTA-Experten zu einem Ergebnis, so kann eine neue Technologie entweder blockiert, verbreitet oder aber die generierten Informationen weiteren strategischen Planungen dienen. Der Positronen-Emissions-Tomographie etwa, die im Jahre 1990 eingeführt wurde (vgl. Kapitel 2), wird bis heute die Abrechnung als kassenärztliche Leistung versagt. Dennoch liegen in Teilanwendungsfelder der PET-Diagnostik qualitativ akzeptable Informationen zur Kosten-Effektivität vor.[184] In Deutschland betreibt das Deutsche Institut für Medizinische Dokumentation und Information (DIMDI) seit 2000 Informationssysteme und spezielle Datenbanken sowie die Verwaltung von

---

[182]   Vgl. Perleth, M. (2003), S. 29-30.
[183]   Vgl. Carls, J., Pirk, O. (2005), S. 104.
[184]   Vgl. Müller, A., Stratmann, D., Klose, Th., Leidl, R (2000), S. 58.

HTA-Berichten. Insgesamt wurden bis heute etwa 48 HTA-Berichte verfasst, die öffentlich und kostenlos eingesehen werden können.

Allerdings ist, aus Sicht von Medizintechnik-Herstellern, kritisch anzusehen, dass der HTA-Prozess sowie die Evaluierungsmethode sehr uneinheitlich sind. Oftmals führt die Multifunktionalität der Fragestellung zu unklaren Ergebnisdarstellungen. Dies wirkt sich auf die Planungssicherheit für die Entwicklung von Produkten und Verfahren aus. Vielmehr muss die Evaluationsmethode in Zusammenarbeit mit allen Zulassungsbeteiligten erstellt werden. Deshalb wird oftmals die Forderung laut, an der Auswahl der HTA-Experten auch die Industrie zu beteiligen.[185] Problematisch erweist sich ferner, dass zum Zeitpunkt der Marktzulassung oftmals Daten nicht vorliegen, welche Auskunft über die Breitenwirkung einer neuen Technologie bei einer unselektierten Population geben. Diese neue Technologie wurde erst unter Laborbedingungen beziehungsweise im Rahmen kontrollierter Studienbedingungen evaluiert.[186] Am Beispiel der Wirtschaftlichkeit der Kapselendoskopie soll im Folgenden die Problematik für medizintechnische Hersteller am Markt im Rahmen der Kostenerstattung dargestellt werden.

3.4.3.2 Wirtschaftlichkeitsbeispiel Kapselendoskopie

Die Kapselendoskopie, die im Jahre 2001 in Deutschland eingeführt wurde und die sogenannte CE-Kennzeichnung für Europa erhielt, ermöglicht erstmals die Darstellung der gesamten Länge des Dünndarms. Nicht-invasiv und schmerzfrei, indem sie geschluckt wird, bildet sie den Dünndarm in hoher Auflösung ab. Anwendungsgebiete sind die Diagnose gastrointensinaler Blutungen sowie die Diagnose entzündlicher Darmerkrankungen. Mit einem HTA - „Klinische und ökonomische Evaluation des diagnostischen Verfahrens, Kapselendoskopie zur Untersuchung des Dünndarms" aus dem Jahre 2004[187] - erstellt von dem unabhängiges Forschungsinstitut Analytica International - liegt ein Bericht vor, der die klinische Effektivität, die Sicherheit, Effizienz und Kosteneffizienz dieses Verfahrens bewertet hat. International soll er zur Entscheidungsfindung für eine Aufnahme der Kapselendoskopie in den Leistungskatalog der gesetzlichen Krankenkassen bei-

---

[185]   Vgl. O.V. (2004).
[186]   Vgl. Wörz, M., Perleth, M., Schöffski, O., Schwartz, F. W. (2002), S. 125.
[187]   Vgl. Müller, E., Schwander, B., Zerwes, U., Bergemann, R. (2004).

tragen. Denn während gegenwärtig diese Form der Endoskopie in den USA, in Österreich, Portugal, Schweden, Dänemark und in der Schweiz ohne Einschränkung des Indikationsgebietes erstattet wird, ist in Deutschland noch keine Entscheidung gefallen.

Auf Basis eines entscheidungsanalytischen Modells wurden die Kosten und Nutzen ermittelt, die durch den Einsatz der Kapselendoskopie zur Untersuchung unklarer gastrointestinaler Blutungen, das heißt Blutungen im Magen-Darm-Trakt, im Vergleich zu anderen herkömmlichen endoskopischen oder radiologischen Verfahren entstehen. Das Entscheidungsbaum-Modell[188] zeigt im Entscheidungsknoten die Wahl, vor der ein Arzt zu Anfangs steht - Kapselendoskopie oder Vergleichsverfahren. Mittels einer hypothetischen Kohorte von 10.000 Patienten wurden in unterschiedlichen Szenarien die erwarteten durchschnittlichen Kosten-Effektivitäts-Raten angegeben. Bezüglich der Effektivitätsergebnisse der Modellanalysen lässt sich am Beispiel des Vergleichs Kapselendoskopie und Enteroskopie erkennen, dass die Kapselendoskopie die höhere Effektivität in der Diagnose der betrachteten Indikation aufweist. Bezüglich der Effektivität ist sie die dominante Strategie: mit ihr können mehr Patienten richtig diagnostiziert werden. Der Einsatz zusätzlicher diagnostischer Verfahren wird reduziert. Therapieansätze können früher eingesetzt werden. Insgesamt stellte sich heraus, dass mit dem Einsatz der Kapselendoskopie im Vergleich zur Enteroskopie durchschnittliche Kosteneinsparungen pro Untersuchung in Höhe von 318 Euro zu erwarten sind. Laut HTA werden die Kosten dieses innovativen Verfahrens - im Hinblick auf eine Erstattung auf 1.026,01 Euro berechnet. 291,38 Euro stellen dabei die Arztleistungen dar, 143,03 Euro die Gräteabschreibungskosten bei einer Auslastung von 35 % und vier Jahren Laufzeit sowie Verbrauchsmaterialkosten für die Endoskopiekapsel in Höhe von 591,60 Euro.

Es wird deutlich, dass die Hersteller am Markt die Problematik der Erstattungsfähigkeit bestimmter Diagnose- und Therapietechnologien stets vor Augen haben müssen. Bislang jedoch ist ihr Einfluss darauf beschränkt. Im Folgenden soll deshalb ein Einblick in das Wirtschaftskalkül zweier ausgewählter Branchenakteure

---

[188] Für eine detaillierte theoretische Beschreibung eines solchen Modellaufbaus vgl. Schöffski, O., Schulenburg, J.-M. Graf v. d. (Hrsg.) (2002), S. 95-110.

genommen werden - welchen Besonderheiten sind die multinationalen Unternehmen hierbei unterworfen?

3.4.4 Medizintechnik im Investitionskalkül ausgewählter Branchenakteure

3.4.4.1 Stationärer Sektor

Etwa 6 Milliarden Euro gaben deutsche Krankenhäuser im Jahre 2002 für Medizintechnik aus. Dies entspricht 9,3 % des Umsatzes aller Krankenhäuser. 1995 lag dieser Wert noch bei etwa 8,5 %. Hinter diesem Entwicklungstrend standen verstärkte Investitionen in Ausrüstung statt in Bautätigkeiten sowie ein überdurchschnittlicher Anstieg der Medizintechnik im OP-Bereich.[189] Wenn ein Krankenhaus vor einer Investitionsentscheidung steht, welche Aspekte treten ins Kalkül? Zunächst müssen die Anwendungsmöglichkeiten des Gerätes definiert, der technische Zusatzbedarf analysiert und die zu erwartenden laufenden Betriebskosten kalkuliert werden. Dabei sind Neuentwicklungen der medizintechnischen Industrie zu berücksichtigen, denn die Methodik von Diagnostik und Therapie unterliegt einem stetigen Wandel.[190] Wie könnte nun eine Investitionsentscheidung konkret aussehen? Tabelle 5 zeigt eine mögliche Beispielkalkulation für die Beschaffung eines Multislice-Computertomographs.

Je nach Geräteanbieter, Ausstattung und Servicevertrag bestehen Unterschiede in den Kosten für das Krankenhaus pro Jahr in Höhe von fast 77.000 Euro. Ein scharfes Kalkulieren ist daher unabdingbar. Im Rahmen der dualen Krankenhausfinanzierung unterscheidet man Verbrauchsgüter und Anlagegüter. Letztere werden bei Errichtung und Erstausstattung sowie bei Wiederbeschaffung (die Nutzungsdauer muss über drei Jahre liegen) von staatlichen Fördermitteln finanziert. Anlagegüter, deren Nutzungsdauer unter drei Jahren liegt, sowie die Verbrauchsgüter fallen unter die Finanzierung über Pflegesätze und Fallpauschalen. Allerdings haben sich die stärksten Abnehmer von Medizintechnik in den letzten Jahren sehr zurückhaltend bezüglich größerer Neuanschaffungen gezeigt. In deutschen Krankenhäusern hat sich mittlerweile ein Investitionsstau bis zu

---

[189] Vgl. Bundesministerium für Bildung und Forschung (BMBF) (Hrsg.) (2005b), S. 666.
[190] Vgl. Bertele, C. (1986), S. 50.

15 Milliarden Euro angesammelt.[191] Zurückzuführen ist dies auf Sparmaßnahmen und einer Deckelung von Investitionen. Dies stellt die Medizintechnikunternehmen vor große Probleme auf dem Inlandsmarkt. Wichtige Neuanschaffungen werden nicht oder nicht rechtzeitig vorgenommen. Das Altersprofil elektromedizinischer Geräte zeigt, dass in Krankenhäusern 43 % aller Röntgengeräte zwischen sechs und zehn Jahre alt sind, über ein Drittel sogar älter als zehn Jahre.[192] Die Einführung des DRG-Vergütungssystems im stationären Bereich im Jahre 2004 wird dennoch von führenden Medizintechnikindustrievertretern als positiver Reformzug angesehen. Denn infolge fixer Erlöse für medizinische Leistungen wird gewährleistet, dass Effizienz und Effektivität in den Mittelpunkt gestellt werden. Medizintechnik kann hier einen entscheidenden Beitrag leisten, indem sie z. B. interne Abläufe rationalisiert oder präzisere und eindeutige Diagnosen stellt und hierdurch Doppeluntersuchungen vermeiden kann.

---

[191] Vgl. Reim, H. (2006).
[192] Vgl. European Coordination Committee of the Radiological and Electromedical Industries (COCIR) (2003).

	Alternative 1	Alternative 2	Alternative 3	Alternative 4
Investitionskosten				
Grundgerät	480.000	392.188	310.500	245.165
Zubehör 1	23.705	23.705		
Zubehör 2	32.756	32.756		
Zubehör 3	10.578	10.578		
Zubehör 4	3.000	3.000	3.000	3.000
Zubehör 5	20.000	0	0	0
Zubehör 6	0	0	1.750	1.750
Zubehör 7	11.857	11.857	0	0
Gesamt	**581.896**	**474.084**	**391.149**	**315.978**
Afa-Dauer	6	6	6	6
Abschreibungen pro Jahr	96.483	78.514	64.692	52.163
kalkulatorischer Zins	7%	7%	7%	7%
Summe Zins in 6 Jahren	142.089	116.676	96.357	77.940
Wartungsvertrag incl. Konstanzprüfung				
Summe Wartung 6 Jahre	197.500	235.000	177.590	177.590
Röhrenkosten				
Summe Röhren 6 Jahre	166.625	157.675	186.030	57.410
Summe Röhren pro Jahr	27.771	26.279	31.005	9.568
Wartung inkl. Röhre	364.125	392.675	363.620	235.000
Kostensumme 6 Jahre (statisch)	1.089.110	983.434	851.126	628.918
Kosten pro Jahr	**181.518**	**163.906**	**141.854**	**104.820**

Tabelle 5:   **Kostenvergleiche Multislice-Computertomographen (Vollwartung incl. Röhre)**[193]

Das Einkaufsverhalten im stationären Sektor hat sich zudem verändert. Zunehmend etablieren sich zum einen unabhängige Einkaufsberater, zum anderen schließen sich immer mehr Krankenhäuser zu Einkaufsgesellschaften zusammen, die infolge gebündelter Marktmacht bessere Konditionen und Preise für medizintechnische Güter aushandeln können.[194] Wenn der stationäre Sektor Medizintechnik ordert, so ist der Preis mit durchschnittlich 44 % das dominante Kaufkriterium. Allerdings muss unterschieden werden, ob es sich um Investitionsgüter medizintechnischer Geräte und Systeme inklusive Zubehör aller Art (z. B.

---

[193]   Quelle: Eigene Darstellung nach Kreysch, W. (2002), S. 958.
[194]   Vgl. Kelkenberg, I. (2003), S. 90.

Ultraschall, Röntgengeräte), oder um einfache Medizintechnik-Produkte wie etwa Einweg- und Verbrauchsmaterialien handelt. Mit 33 % stellt das Kriterium Preis bei Investitionsgütern etwa das geringste Gewicht dar.[195] Vielmehr spielen Produkteigenschaften, Service und Zusatzleistungen eine Rolle, was angesichts einer Produktlebenszeit von fünf bis zehn Jahren verständlich ist. Durch die stetige Kürzung der Budgets für Instandhaltung als auch Investitionen, lebt man heute in den Krankenhäusern bereits „von der Substanz".[196]

3.4.4.2 Ambulanter Sektor

Auch im Bereich des ambulanten Sektors unterliegt die Medizintechnik konkreten Wirtschaftlichkeitskalkülen. Anders als im stationären Bereich müssen medizintechnische Investitionen selbst aus den laufenden Einnahmen finanziert werden. Im Jahre 2002 beliefen sich die Ausgaben für Medizintechnik auf rund 2 Milliarden Euro.[197] Es möchte sich ein niedergelassener Arzt eine EKG-Untersuchungseinheit und ein Röntgengerät anschaffen: Wie würde seine Investitionsüberlegung lauten? Im Folgenden soll eine beispielhafte Rechnung aufgeführt werden.[198] Die Kosten für die Einrichtung eines EKG-Aufnahmeplatzes werden auf 2.500 Euro veranschlagt. Die Beschaffungskosten des Röntgengerätes betragen 50.000 Euro. Die betriebsgewöhnliche Nutzungsdauer beträgt fünf Jahre. Eine medizintechnische Assistentin der Fachrichtung Radiologie verdient monatlich ca. 2.500 Euro brutto. Als reguläre Monatsarbeitszeit stehen 160 Stunden (4Wochen x 8Stunden x 5Tage) zur Verfügung. Unter der Annahme von Urlaub beziehungsweise eines 13. Monatsgehalts wird die Verfügbarkeitsbereitschaft auf 75 % gestuft. Dies entspricht einer monatlichen verfügbaren Zeit von 120 Stunden. Die Kosten pro Arbeitsstunde belaufen sich demnach auf 18 Euro. Als vereinfachte Annahme wird das Gehalt des Arztes auf das Doppelte der Assistenzkosten gehoben. Mit 36 Euro pro Arztarbeitsstunde ist dies eine sehr niedrige Schätzung. Für Materialien wie EKG-Papier, Karteikarten, Filme, Strom und Röntgenröhre sollen ein bis zwei Euro veranschlagt werden. Anteilig sind ferner

[195] Vgl. BCG Boston Consulting Group GmbH (Hrsg.) (2003), S. 13-14.
[196] Vgl. Nippa, J. (2003), S. 1020.
[197] Vgl. Bundesministerium für Bildung und Forschung (BMBF) (Hrsg.) (2005b), S. 673.
[198] In Anlehnung an Thome, R. (1983), S. 145-148; eigene Berechnungen.

weiter Praxiskosten inklusive Reinigung in Höhe von 5 Euro zu verrechnen. Folgender Kostendeckungsbetrag ergibt sich nun für das EKG.

Erstattungsbetrag EKG (nach Nr. 650 BMÄ)	15,95 Euro
EKG-Vorbreitung und Aufnahme: 10 Minuten Assistenzzeit	03,00 Euro
Auswertung und Berichtsschreibung: 15 Minuten Arztzeit	09,00 Euro
Materialien	01,00 Euro
Kostendeckungsbeitrag	02,95 Euro
Folgender Kostendeckungsbetrag ergibt sich für den Röntgenapparat:	
Erstattungsbetrag Röntgen (nach Nr. 5135 BMÄ)	29,38 Euro
Assistenzzeit 10 Minuten	03,00 Euro
Arztzeit 10 Minuten	06,00 Euro
Materialien	02,00 Euro
Kostendeckungsbeitrag	18,38 Euro

Im ambulanten Sektor werden Bestellungen nur in 10 % aller Fälle vom Arzt selbst ausgeführt, 54 % werden von Arzthelferinnen und -helfern getätigt.[199] Die Argumentation, neue Medizintechnikprodukte würden alte Geräte substituieren, ist so nicht gänzlich richtig.[200] Denn oftmals handelt es sich bei Neuentwicklungen um Mischformen von Produkt- und Prozessinnovationen. Dies bedeutet, neue und alte Apparate ersetzen sich nicht, sondern ergänzen sich. Wenn aber dies der Fall ist, dann sind keine großen Kosteneinsparungen zu erwarten.

3.4.5 Konsequenzen für medizintechnische Unternehmen am Markt

Medizintechnik erfordert Forschungs- und Entwicklungskosten, Investitionskosten, Betriebs- und Folgekosten sowie Servicekosten. Medizintechnikhersteller können nur gewinnen, wenn sie die „10 goldenen Regeln" befolgen: Klassifizierung medizintechnischer Produkte gemäß Medizinproduktegesetz, Einhaltung der Standards, Erstellung von Risikoanalysen für Produkte der Klasse 3, Formulierung technischer Dokumentationen und Dossiers, Nutzung akzeptierter

---

[199]   Vgl. Kelkenberg, I. (2003), S. 90.
[200]   Vgl. Pfaff, M., Nagel, F (1992), S. 106.

Bewertungsverfahren je nach Klassifizierung der Produkte, Beantragung der CE-Kennzeichnung, Vorbereitung der Konformitätserklärung, Vorhaltung von Serviceangeboten und „after sales responsibilities".[201] Den Medizintechnikherstellern steht somit eine weite Bandbreite an Optimierungsmöglichkeiten zur Verfügung.

Im Stadium der Durchführung von Studien muss beachtet werden, dass nach Möglichkeit unabhängige Forschungsinstitute beauftragt werden.[202] Hinsichtlich der Erhebung von Kostendaten sind ärztliche Studienleiter nicht die richtigen Ansprechpartner. Sie erheben zwar fundierte klinische Daten, doch ist es beispielsweise einem niedergelassenen Arzt nicht möglich, alle anfallenden Kosten einer Therapie zu evaluieren. Diese liegen nur den kassenärztlichen Vereinigungen vor. Bedenkt man, dass die Durchführung derartiger Studien teilweise Jahre dauern kann, so wirken sich Fehler äußerst negativ auf das Budget aus. Eine erfolgreiche Markteinführung kann also nur gelingen, wenn der Nachfrager einen positiven Deckungsbeitrag bei Nutzung des Produktes erhält.[203] Der Nutzen medizintechnischer Geräte lässt sich nicht für jedes Produkt einzeln aufzählen. Und doch gibt es monetäre und nicht-monetäre Erfolge, die für alle Produkte einer bestimmten Kategorie gelten. Infolge verbesserter Diagnosegeräte können Krankheiten effektiver, schneller und präziser festgestellt werden. Indem nicht mehr mehrere Untersuchungen hintereinander ausgeführt werden müssen, um zu einem eindeutigen Befund zu gelangen, reduzieren sich Zeitaufwand und Kosten. Auf Basis zwei- oder dreidimensionaler Bildgebung können etwa Operationen im therapeutischen Bereich detaillierter geplant und ausgeführt werden. Für Patienten reduziert sich zum Beispiel der Aufenthalt in einem Krankenhaus, gesunden schneller und profitieren von einer frühen, besseren Diagnose, auch bezüglich ihrer Lebenserwartung. Durch zunehmend nicht-invasive Eingriffe werden Eingriffe für den Patienten schonender. Die Lebensqualität wird gesteigert, man denke nur an die Möglichkeiten eines Herzschrittmachers. Auch auf makroökonomischer Ebene ergeben sich daraus Vorteile: indem potentielle Arbeitnehmer

---

[201] Vgl. Altenstetter, Ch. (2003), S. 240.
[202] Vgl. Bochmann, E., Rechlin, M., Zarske, R., Teichmann, W. (2002), S. 17-19.
[203] Vgl. Wildau, H.-J., Baumann, M. (2004), S. 167-168.

schneller gesund werden, kehren sie auch rascher wieder an ihren Arbeitsplatz zurück, was der gesamten Volkswirtschaft zuträglich ist.[204]

In Zukunft wird die zunehmende Konsolidierung der Krankenhausbeschaffungs-landschaft die Unternehmen auf dem Medizintechnikmarkt vor neue Herausfor-derungen stellen, denen sie begegnen müssen. Marketing- und Vertriebsstrategien müssen an diese zukünftigen Rahmenbedingungen noch weiter angepasst werden.[205] Heute überlassen viele Medizintechnikunternehmen beispielsweise den Krankenhäusern neue Geräte für einen Alibipreis oder auch als kostenlose Leihgabe, um dann an benötigtem Zubehör, sicherheitstechnischen Kontrollen, Ersatzteilmodulen (nur in großen Abnahmemengen erhältlich) und anderen Ser-vice- und Wartungsarbeiten zu verdienen.[206] Eine Umfrage des Deutschen Indus-trieverbandes für optische, medizinische und mechatronische Technologien e. V. (Spectaris) im Jahre 2004 bestätigt, dass insbesondere der technische Kunden-service ein sehr bedeutendes Kriterium darstellt, das aber branchenweit heute noch nicht oder nur teilweise erfüllt ist. Dies könnte ein mögliches Potential sein, um sich gegen Billiganbieter aus dem Ausland zu schützen.[207] Nach Ansicht von Maly kann ein Anbieter der Medizintechnik auf dem Markt nur überleben, wenn er ein breites Produktangebot aufweisen kann. Denn auf diesem Wege sei der Aufwand für Kundenservice tragbar. Am Beispiel EMI ist dies zu erkennen: als Spezialanbieter für Computertomographen musste er eigens für jedes installierte Gerät einen 24-Stunden-Kundendienst einrichten. Dies kostete Millionen. EMI hatte dies finanziell nicht leisten können.[208]

Das veränderte Nachfrageprofil infolge der DRG-Einführung führt dazu, dass mehr Funktionsprodukte für Leistungsmessungen und Diagnostik nachgefragt werden. Dies bedeutet für die Hersteller von Medizintechnik eine weiter verstärk-te Zusammenarbeit mit den Anwendern einzugehen, um gegenseitige Wünsche

---

[204] Vgl. European Coordination Committee of the Radiological and Electromedical Industries (COCIR) (ed.) (1995), S. 4-6; 17.
[205] Vgl. Krütten, J., Rautenberg, F., Liefner, M. (2005).
[206] Vgl. Thalmayr, M. (2005), S. 7.
[207] Vgl. Deutscher Industrieverband für optische, medizinische und mechatronische Technologien e.V. (Spectaris) (2004b), S. 14-15.
[208] Vgl. Maly, W. (1992), S. 31-32.

und Erwartungen vereinbaren zu können. [209] So richten etwa immer mehr Unternehmen der Medizintechnik ihr Bezugssystem und ihr Angebot verstärkt an Prozessketten aus. Siemens Medical Solutions oder die Dräger Werke bieten mittlerweile zu ihren Produkten verstärkt Dienstleistungen an, um beispielsweise Prozesse im stationären Sektor effizienter zu gestalten. [210]

3.5 Erfolgsursachen des Medizintechnikmarktes - Zusammenfassung

Alle Aspekte, die in den vorangegangenen Abschnitten ihre Ausführung fanden, zeichnen das Bild einer hochkomplexen Industrie, deren Einflussfaktoren schwer fassbar sind. Mit Hilfe des Diamanten von Porter gelingt es, die wesentlichen Erfolgsursachen des Marktes für Medizintechnik zu bündeln und darzustellen (siehe Abbildung 20).

Porter unterscheidet insgesamt vier Bestimmungsfaktoren eines nationalen Vorteils. [211] Faktorbedingungen implizieren die Position eines Landes bezüglich seiner Produktionsfaktoren beziehungsweise der Infrastruktur. Bei den Nachfragebedingungen hingegen handelt es sich um die Art der Inlandsnachfrage nach Produkten oder Dienstleistungen der Branche. Auf das Vorhanden- oder Nichtvorhandensein verwandter Branchen verweist der Faktor „Verwandte und unterstützende Branchen". Die Landesbedingungen beeinflussen ferner die Entstehung, Organisation und Führung von Unternehmen und entscheiden über den Wettbewerb. Dies soll der Faktor „Unternehmensstrategie, Struktur und Wettbewerb" deutlich machen. Als exogene Einflussfaktoren werden bei Porter außerdem der Zufall und der Staat genannt. [212] Mit dem Aspekt des Zufalls sollen Vorkommnisse erfasst werden, die wenig mit den Verhältnissen in einem Land selbst zu tun haben und zudem außerhalb des Einflussbereichs der Unternehmen liegen. Als Beispiele sind etwa zufällige Entdeckungen, Kriege oder größere technologische Brüche zu nennen. Vom Staat wiederum gehen positive oder negative Einflüsse auf die vier

---

[209] Vgl. Klinger, M. (2005), S. 78-79.
[210] Vgl. Hornschild, K., Wilkens, M. (2004), S. 750; Bayerisches Staatsministerium für Wirtschaft, Verkehr und Technologie (Hrsg.) (1997), S. 32.
[211] Vgl. Porter, M. E. (1991), S. 95-96.
[212] Vgl. Porter, M. E. (1991), S. 148-152.

Bestimmungsfaktoren aus, indem er etwa als Gestalter oder Abnehmer eingreifend tätig ist und bestehende Verhältnisse vielfältig prägen kann.

Wie sehen diese Faktoren nun speziell für den deutschen Markt für Medizintechnik aus? Dass Röntgen 1895 die Röntgenstrahlung entdeckte kann als wirkliches Zufallereignis gewertet werden. Seiner Person ist es zu verdanken, dass sich ein neuer Markt entwickeln konnte. Heutzutage wird jedoch wenig dem Zufall überlassen: staatliche Eingriffe betreffen weite Bereiche des medizintechnischen Marktes. Von EU-spezifischen Gütesiegeln über eine gesetzliche Versicherungspflicht bis hin zur Regulierung des Gesundheitswesens - all dies bescheinigt dem Staat einen entscheidenden Einfluss. Oftmals ist die Frage, inwieweit diese Strukturen zugunsten des Medizintechnikmarktes nicht geändert werden müssen, wenn wir „Schrittmacher und nicht Getriebene oder gar Nachzügler"[213] sein wollen.

Erfahrene und spezialisierte Arbeitskräfte, eine ausgeprägte Infrastruktur sowie ein hohes Niveau im Bereich der F&E neuer Produkte und Technologien bescheinigen dem deutschen medizintechnischen Markt exzellente Faktorbedingungen. Zwar ist die Inlandsnachfrage zahlenmäßig etwas schwächelnd, doch ist das Anspruchsniveau der Nachfrage umso größer.

---

[213] Grönemeyer, D. H. W. (2005), S. 2.

```
┌─────────────────────────────────────────────────────────────────────┐
│                          Zwei dominierende Anbieter in                │
│                          Deutschland, JV, hoher                       │
│                          Innovationsdruck bei Fertigung               │
│      ╭────────╮          kleiner Stückzahlen und hohem                │
│      │ Zufall │          Kapitalbedarf                                │
│      ╰────────╯          ┌──────────────────────┐                     │
│                          │ Unternehmensstrategi │                     │
│  Entdeckung der          │ e, Struktur und      │                     │
│  Röntgenstrahlen         │ Wettbewerb           │                     │
│  durch W.C:              └──────────────────────┘                     │
│  Röntgen 1895                                                         │
│              ┌──────────────────────┐      ┌──────────────────────┐   │
│              │ Faktor-Bedingungen   │ ◄──► │ Nachfrage-           │   │
│              └──────────────────────┘      │ Bedingungen          │   │
│                                            └──────────────────────┘   │
│  Hoch qualifizierte                                                   │
│  Arbeitskräfte, hohe                       Anspruchsvolle Kunden,     │
│  Forschungsintensität und ┌──────────────┐ Wichtigkeit von Service,   │
│  Produktkomplexität       │ Verwandte und│ Betriebszuverlässigkeit der│
│                           │ unterstützende│ Geräte                    │
│                           │ Branchen     │                            │
│                           └──────────────┘    ╭────────╮              │
│                          Feinmechanik, Elektronik,│ Staat │           │
│                          Datenverarbeitung,   ╰────────╯              │
│                          vertikale Integration bei                    │
│                          medizintechnischen   Soziales Sicherungssystem│
│                          Produzenten          schafft konjunkturunabhängige│
│                                               Inlandsnachfrage, Staatliche│
│                                               Regelungen              │
└─────────────────────────────────────────────────────────────────────┘
```

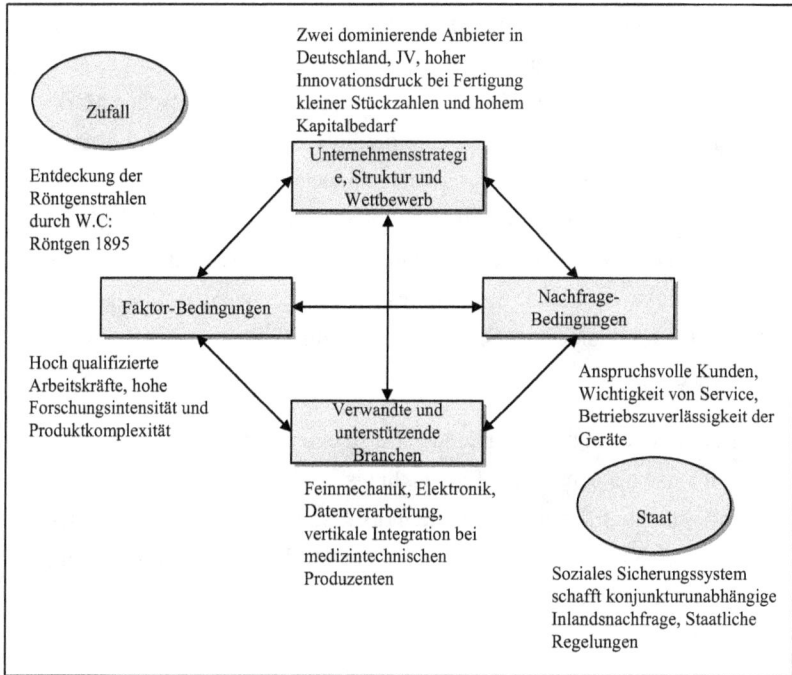

Abbildung 20: Erfolgsfaktoren des Marktes für Medizintechnik nach Porters' Diamant[214]

In Deutschland wird Medizin auf höchstem Niveau betrieben - diesen Anspruch zu halten erfordert Spitzenqualität. Die Entwicklung neuer und innovativer Produkte wird befürwortet, die Akzeptanz neuer Technik ist gesichert und das bereits erwähnte System der staatlichen Pflichtversicherung schafft sich die Nachfrage nach medizintechnischen Gütern selbst. Betrachtet man Porters Faktor „Verwandte und unterstützende Industrien" so ist festzustellen, dass nur wenige andere Branchen mit der Medizintechnik verwandt sind. Und doch nutzt der medizintechnische Markt Forschungserkenntnisse und Ergebnisse anderer Branchen, wie etwa die Optik oder die Mikroelektronik, um sie für seine Zwecke umzuinterpretieren und neu zu kombinieren. Anders als etwa in der Automobilbranche spielen die spezialisierten Zulieferer nur eine geringe Rolle. Die medizintech-

---

[214] Quelle: Eigene Darstellung nach Klump, R.; Plagens, M. (2000), S. 361; Linde, C. v. d. (1992), S. 290.

nischen Unternehmen selbst streben vielmehr eine vertikale Integration an. Dies wirkt sich auch auf die Firmenstrategie, die Struktur und den Wettbewerb aus. Siemens Medical Solutions und Philips sind führend auf dem deutschen Markt. Weltweit hingegen nimmt General Electric die Führungsrolle ein. Und dennoch ist ein hoher Wettbewerbsdruck auf dem medizintechnischen Markt kaum existent. Vielmehr bestehen viele Joint Ventures, gemeinsame Patentnutzungen oder „Original Equipment Manufactures" Abkommen.[215] Hierdurch kann der charakteristischen Produktionsstruktur des Marktes entsprochen werden. Infolge der Produktfertigung mit kleinen Stückzahlen können durch Kooperationen Synergien gebündelt und effizient genutzt werden.

Im Moment kommt es in der Pharmaindustrie zu einer wachsenden Branchenkonsolidierung infolge der sehr hohen Entwicklungs- und Vertriebskosten. Das bedeutet, dass Präparate für weit verbreitete Indikationen nur noch von Unternehmen mit einer gewissen kritischen Masse auf den Markt gebracht werden können. Dies ermöglicht kleineren Marktteilnehmern jedoch, als Zulieferer oder Nischenanbieter aufzutreten.[216] Derartige strategische Optionen stehen auch dem Mittelstand in der Medizintechnik offen. Die spezifischen Probleme des Mittelstandes müssen weiter gelöst werden. Insbesondere der Aspekt des Kapitalzugangs ist von Bedeutung. Die langen Entwicklungsphasen bis zum Eintritt in den Markt für Medizintechnik können infolge einer geringen Eigenkapitaldeckung nur eingeschränkt überdauert werden. Dem oftmals geringen Internationalisierungsgrad könnte mittels Vertriebskooperationen begegnet werden.[217] Grundsätzlich können Partnerschaften vom Komponenteneinkauf bis zum Vertrieb eingegangen werden. Bei vielen Mittelständlern hängt der zukünftige Erfolg oftmals wesentlich von ein oder zwei Forschungsprojekten ab. Denn eine effektive Risikodiversifizierung ist bei kleinen Portfolios nicht möglich.[218] Die Top-10-Kriterien einer erfolgreichen strategischen Positionierung am Markt sind nach einer Umfrage des Deutschen Industrieverbandes für optische, medizinische und mechatronische Technologien e.V. (Spectaris) technischer Service, Produktleistungsfähigkeit,

---

[215] Vgl. Klump, R., Plagens, M. (2000), S. 361-362.
[216] Vgl. Deutsche Industriebank AG (IKB) (Hrsg.) (2002), S. 24.
[217] Vgl. Bayerisches Staatsministerium für Wirtschaft, Verkehr und Technologie (Hrsg.) (1997), Folie 43-48.
[218] Vgl. Jacob, O., Da-Cruz, P. (2002), S. 66.

Lieferantenzuverlässigkeit, Produktqualität, Vertriebskanäle, F&E Know-How, Rohstoffqualität, Beschäftigtenqualifikation, Lieferbereitschaft und das Management.[219]

---

[219] Vgl. Deutscher Industrieverband für optische, medizinische und mechatronische Technologien

4 Zukunft des Marktes für Medizintechnik - Ein Ausblick

4.1 Entwicklung der zukünftigen Nachfrage nach Medizintechnik

Die Nachfrage nach Medizintechnik leitet sich immer aus der Nachfrage nach Gesundheitsleistungen ab. Ferner besteht heute eine signifikante Korrelation zwischen Alter und Multimorbidität. Wenn in Deutschland im Jahre 2050[220] etwa 75 Millionen Menschen leben, von denen fast 30 % 65 Jahre oder älter sein werden - ist dann nicht davon auszugehen, dass der Markt für Medizintechnik keine Zukunftsängste haben muss?

Unter Fachkreisen herrscht eine rege Diskussion darüber, in wieweit die Alterung der Gesellschaft die Nachfrage nach Medizintechnik beeinflusst. Entscheidend dabei ist nämlich, in welchem Umfang mit der Zunahme der Lebenserwartung auch die Lebensdauer in Krankheit und Behinderung zunimmt. Einige Experten gehen von der sogenannten Kompressionshypothese aus, die besagt, dass die gewonnenen Lebensjahre zunehmend in Gesundheit verbracht werden. Allerdings kommt Hof in seiner Untersuchung zu dem Schluss, dass der kompensierende Effekt im Bezug auf die Gesundheitsausgaben nur von geringer Bedeutung ist. Fest steht, dass bei den heute 70- bis 90-Jährigen fünf bis neun gleichzeitig manifeste, überwiegend chronische Erkrankungen vorliegen und auch akute Krankheiten ansteigen.

Laut der Studie des Bundesministerium für Bildung und Forschung[221] werden vermutlich infolge der Alterung der Bevölkerung stärkere Effekte auf die Nachfrage nach Medizintechnik ausgehen als auf die Gesundheitsausgaben insgesamt (vgl. Anhang 11). In einer Projektion der zukünftigen Nachfrage nach Medizintechnik wurde die Entwicklung für die Periode 2005-2010 prognostiziert.[222] Danach wachsen die jährlichen Medizintechnik-Ausgaben um 4,1 % und stellen damit

---

[220]   Vgl. Statistisches Bundesamt (Hrsg.) (2003), S. 42, 49, unter der Annahme einer hohen Lebenserwartung und einem mittleren Wanderungssaldo; Altenquotient mit Altersgrenze 65 Jahre.
[221]   Vgl. Bundesministerium für Bildung und Forschung (BMBF) (Hrsg.) (2005b).
[222]   Vgl. Bundesministerium für Bildung und Forschung (BMBF) (Hrsg.) (2005b), S. 721.

8,2 % der Gesundheitsausgaben dar. Angenommen wird ein durchschnittliches, nominelles Wachstum von 3,3 % für Deutschland. Betrachtet man den Anteil der Arztpraxen an den Medizintechnik-Ausgaben in Höhe von 5,3 %, so lässt sich bereits hier ein zukünftiger Trend im Gesundheitswesen ausmachen, welcher die Medizintechnik fördert: Leistungen werden zunehmend in den ambulanten Bereich verlagert. Es wird erwartet, dass der ambulante chirurgische Bereich, der stationäre Pflegemarkt sowie diagnostische Leistungen wachsen werden. Ein überdurchschnittlicher Ausgabenanstieg der Gesundheitsausgaben bis 2010 ist in Deutschland in folgenden Krankheiten zu verzeichnen: Krankheiten des Kreislaufsystems, Neubildungen, Endokrine, Ernährungs- und Stoffwechselkrankheiten, Krankheiten des Muskel-Skelett-Systems, sowie Krankheiten des Auges.

4.2 Forschung im neuen Jahrtausend - Produkte der Zukunft

4.2.1 Trends der Wissenschaft und Industrie

Um eine Vorstellung darüber zu erhalten, was aktuelle Forschungsthemen im Bereich der Medizintechnik sind, wurde eine kleine literarische Zusammenschau (vgl. Anhang 12) ausgewählter Publikationen erstellt. Einige wesentliche Trends sind schon hier erkennbar. Sowohl minimal-invasive Verfahren, Telemedizin, bildgebende Verfahren als auch Tissue-Engineering zählen zu den Favoriten. Diese gewonnenen Ergebnisse spiegeln sich in einer Expertenumfrage des Bundesministerium für Bildung und Forschung im Rahmen einer Medizintechnik-Studie 2005[223] wider (siehe Tabelle 6).

Insgesamt wurden dort 11.000 Wissenschaftler aus dem Feld der Medizintechnik und 2.267 medizintechnische Unternehmen mit F&E-Abteilungen nach ihrer Meinung gefragt, worin sie die wichtigsten Forschungsgebiete im Bereich der Medizintechnik sehen. Infolge eines Rücklaufes von 269 Antworten aus dem Bereich Wissenschaft und 109 aus der Industrie konnten folgende Informationen gewonnen werden: sowohl in der Wissenschaft als auch in der Industrie stehen

---

[223] Vgl. Bundesministerium für Bildung und Forschung (BMBF) (Hrsg.) (2005b), S. 248-261.

bildgebende Verfahren an oberster Stelle. Auf Rang zwei finden sich die minimal-invasiven Interventionen wieder. Auch im Bereich endoskopischer Verfahren stimmen die Experten überein. Während sich die Wissenschaft verstärkt der Richtung Laser, Bildverarbeitung und Visualisierung sowie Chirurgie und Robotertechnik widmet, setzt die Industrie auf optische Techniken, Mikro- und Nanotechnik. Der Laser ist ranglich gesehen auf Platz sechs. Bei Forschungsgebieten, die in fünf Jahren von Bedeutung sein werden, stimmen die Experten weitgehend überein, Unterschiede sind nur in der Rangfolge zu erkennen. Zell- und Gewebetechnik sowie Tissue Engineering, minimal Invasive Interventionen, Mikro- und Nanotechnik sowie DNA-Chips und Proteinanalytik nehmen die ersten vier Positionen ein. Unter minimal-invasiver Therapie versteht man, dass Operationsschnitte von mehreren Zentimetern der Vergangenheit angehören. Das operative Instrumentarium ist gerade noch wenige Zentimeter oder gar Millimeter groß. In ein bis zwei Jahren wollen Mediziner Patienten mit einer neuen Kathetertechnik eine neue Aortenklappe einsetzen, ohne den Brustkorb zu öffnen.[224]

Rang	Oberstes Umfragedrittel		Wichtigkeit in 5 Jahren	
	Wissenschaft	Industrie	Wissenschaft	Industrie
1	Bildgebende Verfahren, MRT, US, CT, SPECT, PET	Bildgebende Verfahren, MRT, US, CT, SPECT, PET	Zell und Gewebetechnik, Tissue-Engineering	Minimal-Invasive Interventionen
2	Minimal-Invasive Interventionen	Minimal-Invasive Interventionen	Mikro- und Nanosysteme für die Medizin	Mikro- und Nanosysteme für die Medizin
3	Endoskopie	Endoskopie	Minimal-Invasive Interventionen	Zell und Gewebetechnik, Tissue-Engineering
4	Laser in der Medizin	Optische Techniken, Optische Bildgebung, Spektroskopie	DNA-Chips, Protein-Analytik, Bio-Array	DNA-Chips, Protein-Analytik, Bio-Array
5	Bildverarbeitung und Visualisierung	Mikro- und Nanosysteme für die Medizin	Molekulare Bildgebung inkl. Sonden	Biosensoren, Cell-meets-Silocon, Zell-Diagnostik
6	Chirurgie, Roboter	Laser in der Medizin	Bildverarbeitung und Visualisierung	Lap-on-Chip, Mikrofluidik

---

[224] Vgl. Bundesministerium für Bildung und Forschung (BMBF) (Hrsg.) (2004), S. 10.

Tabelle 6: Umfrageergebnisse zur Zukunft der Medizintechnik[225]

Im Bereich Telematik wird zurzeit in Deutschland das „weltweit größte EDV-Projekt"[226] verwirklicht: die Einführung der Gesundheitskarte. Die Unternehmen werden auch in weiteren Projekten versuchen, die technischen Voraussetzungen für die elektronische Kommunikation zu schaffen. So widmet sich etwa Siemens Medical Solutions bereits ausführlich dieser Thematik im Rahmen seiner ganzheitlichen e-Health-Lösungen.[227] Wissenschaftlich gesehen wird verstärkt auf molekulare Bildgebung sowie Bildbearbeitung gesetzt. Aus Sicht der Industrie spielen verstärkt Biosensoren, Zell- Diagnostik und Lab-on-Chips eine Rolle. Siemens Medical Solutions ist schon heute verstärkt im Bereich Lab-on-Diagnostik tätig. Sogenannte Lab-on-Chips werden die Labore von morgen sein. In diesem Labor befinden sich auf einem Chip alle nötigen Substanzen und Reagenzien, so dass alle chemischen Reaktionen und Nachweise in wesentlich schnellerer Zeit erbracht werden können.[228]

4.2.2 Rolle der Kompetenzzentren

Wie kann es gelingen, dieses zukünftige Innovationspotential noch effektiver zu erschließen? Eine verstärkte Zusammenarbeit zwischen Wissenschaft und Wirtschaft, eine intensivierte und frühe Abstimmung zwischen Industrie und Anwender sowie eine verbesserte Kooperation zwischen Unternehmen sind als mögliche Ansatzpunkte zu nennen. Mittels der Bildung sogenannter Kompetenzzentren versucht die Bundesregierung, speziell das BMBF, die deutsche Medizintechnik zu fördern. Hintergrund ist die Überlegung, dass eine Vernetzung von Kompetenzen in einem bestimmten Bereich der Medizintechnik und deren Bündelung in einem Zeitraum, die Nutzung von Synergien sowie den Abbau von Innovationshemmnissen begünstigt.[229] Die Bündelung erfolgt hierbei sowohl horizontal (technologieübergreifend und interdisziplinär), als auch vertikal (Abdeckung der Wertschöpfungskette). Auf diese Weise gelingt eine effektive Umsetzung von

---

[225] Quelle: Eigene Darstellung gemäß Bundesministerium für Bildung und Forschung (BMBF) (Hrsg.) (2005b), S. 248-261.

[226] Vgl. Reif, M. (2004).

[227] Vgl. Siemens AG, Medical Solutions (Hrsg.) (2004c).

[228] Vgl. Reim, H. (2006).

medizintechnischen Ideen in Produkte und Versorgungsleistungen im Gesundheitswesen, in dem zum BeispielKostenträger frühzeitig mit eingebunden werden. Hierdurch können Versorgungskosten gesenkt oder die Versorgungsqualität Deutschlands verbessert werden. Bereits auf dem Markt vertriebene Produkte zeugen vom Erfolg der Zentren.

Die Zentren erhalten jeweils eine Anschubfinanzierung in Höhe von 30 Millionen Euro, die auf fünf Jahre befristet ist.[230] Danach werden diese Zentren in einer selbstständigen, für Ergänzungen offenen Struktur weitergeführt. Gefördert werden zum einen Maßnahmen, die in der Lage sind, Kompetenzen in der Medizintechnik thematisch und organisatorisch zusammenzufassen. Der Auf- und Ausbau effektiver Strukturen der Zentren steht hierbei im Vordergrund. Zum anderen werden die Fördermittel aber auch für F&E-Projekte verwendet, welche die gebündelten Kompetenzen optimal nutzen. Allen Zentren stehen ferner die vom BMBF initiierten technologischen Förderungsprogramme zur Verfügung. Die Auswahl der Kompetenzzentren erfolgt in Form eines Wettbewerbs über zwei Runden. Im Anhang (vgl. Anhang 13) finden sich die 14 Sieger aus der ersten Ausschreibungsrunde des Wettbewerbs aus dem Jahre 1999. Sie sind überwiegend regional organisiert und verkörpern jeweils ein spezifisches medizintechnisches Profil. Die Themen reichen von Miniaturtechnik für Herz-Kreislauf- und Gewebetherapie über kardiovaskuläre Implantate bis hin zur Telemedizin und ophtalmologische Geräte.

4.3 Zukünftige Entwicklung des Marktes - Zwei Szenarien

4.3.1 Zugrundeliegende Annahmen

Das Deutsche Institut für Wirtschaftsforschung (DIW) Berlin hat in seiner Studie „Medizintechnik am Standort Deutschland"[231] zwei Szenarien generiert, welche über das Jahr 2020 hinaus Entwicklungsmöglichkeiten der Medizintechnik am Standort Deutschland und ihres Marktes aufzeigen. Diese beiden Szenarien sollen im Folgenden vorgestellt werden.

---

[229]   Vgl. Bundesministerium für Bildung und Forschung (BMBF) (Hrsg.) (2000), S. 5.
[230]   Vgl. Bundesministerium für Bildung und Forschung (BMBF) (Hrsg.) (2003), S. 7.
[231]   Vgl. Hornschild, K., Raab, S., Weiss, J.-P. (2005), S. 202-226.

In Szenario 1, dem sogenannten „Status quo-Szenario", soll, unter der Annahme einer Fortsetzung der bestehenden Gesundheits-, Wirtschafts- und Technologiepolitik, ein unterer Entwicklungspfad abgebildet werden. Dem Einfluss eines „radikalen Wandels" hingegeben ist die Politik in Szenario 2 unterlegen. Seine Ergebnisse repräsentieren einen oberen Entwicklungspfad.

Beide Szenarien gehen von folgenden Hypothesen aus: Aufgrund der Entwicklung der Weltwirtschaft und der Bevölkerung kann angenommen werden, dass Gesundheitsleistungen auf Wachstumsmärkte treffen. In Ländern mit vergleichbar hohem Pro-Kopf-Einkommen steigt der Anteil älterer und krankheitsanfälliger Menschen. Die Weltbevölkerung wächst, jedoch folgen Westeuropa und Deutschland nicht diesem Trend. Die Expansion der Weltwirtschaft sowie ein steigendes Pro-Kopf-Einkommen unterstützen diese These. Des Weiteren stellt Deutschland einen führenden Standort hinsichtlich Wettbewerbsfähigkeit und technologischem Potential dar. Nicht nur eine überdurchschnittliche Dynamik in der Produktion im Vergleich zum verarbeitenden Gewerbe sowie hohe und ansteigende Exportquoten sprechen für dieses Argument, sondern auch das hohe Innovationspotential und die Stärken des Standortes Deutschlands in den Bereichen Elektrotechnik, Feinmechanik und Optik, Verfahrenstechnologie, Materialtechnik und Chemie. Die bestehende differenzierte Industrie- und Forschungsstruktur gilt ferner als Basis für die Nutzung technologie übergreifenden Wissens. In Zukunft wird die Medizintechnik-Nachfrage von sogenannten Systemunternehmen bedient, die im Rahmen von Netzwerken mit Zulieferbetrieben und Experten zusammenarbeiten. Hierfür spricht, dass schon jetzt der Anteil der Dienstleistungen an der gesamten Wertschöpfung steigt und dass die industrielle Wettbewerbsfähigkeit zunehmend am komplexen Leistungsangebot der Unternehmen gemessen wird. Eine weitere Annahme bezieht sich darauf, dass die deutsche Regierung auch weiterhin Innovationsförderung betreiben wird sowohl für einzelne Technologien als auch für spezifische Unternehmen, kleine und mittelständische Betriebe und Netzwerke.

Je nach gewähltem Szenario aber müssen weitere Annahmen getroffen werden. Szenario 1 etwa unterstellt, dass das bestehende nationale Gesundheitssystem unter Wahrung des Solidaritätsprinzips erhalten bleibt. Der steigenden Kostenproblematik wird mit einer Vielzahl von einzelnen Reformschritten begegnet, wobei deren Erfolg fraglich ist. Demgegenüber wagt Szenario 2 die Vision eines gravierenden Paradigmenwechsels. Erklärtes Ziel des politischen Handelns soll die Modernisierung der Gesundheitsversorgung zu einem modernen, technologisch anspruchsvollen und effizienten Gewährleistungssystems sein. Die Diskrepanz zwischen den medizintechnologischen Möglichkeiten und deren Finanzierung soll behoben werden, nicht zuletzt, um die Attraktivität des Medizintechnik-Standorts Deutschlands zu erhöhen.

Die EU-Ost-Erweiterung birgt neue Absatzmärkte. Die de facto Regionalsegmentierung der ausländischen Absatzmärkte infolge unterschiedlicher Kostenerstattungsprojekten der jeweiligen Gesundheitssysteme schmälert die attraktiven Bedingungen einheitlicher europäischer Maßstäbe bezüglich der Marktzulassung und Patentierung in Szenario 1. Auch wirkt sich - wie in der Vergangenheit gezeigt - eine Sparpolitik anreizsenkend insbesondere auf die Innovationsfreudigkeit Deutschlands bezüglich neuer qualitätssteigender Diagnose- und Therapieverfahren aus. Unmittelbar kostensenkende Innovationen hingegen erfahren weiterhin Auftrieb. Außerhalb Europas existiert eine hohe Innovationsoffenheit. Die Internationalisierung der Märkte, die überdurchschnittliche Dynamik der Medizintechnikmärkte in USA und Asien und die verhaltene Nachfrage entwickelt zudem Szenario 1.

Im Szenario des radikalen Wandels wird die Öffnung der Märkte neue Anbieter anziehen. Besonders der Bereich der qualifizierten, technologisch hochwertigen medizintechnischen Versorgung nimmt weiter an Bedeutung zu. Die hierfür notwendigen hohen Entwicklungskosten für Medizintechnik führen zu Spezialisierungen in allen Bereichen des Gesundheitswesens mit international agierenden Unternehmen und zu grenzüberschreitenden Kooperationen. Es soll angenommen werden, dass die Ausgaben für Gesundheit rascher stiegen als das verfügbare Einkommen. Der Wettbewerb im Gesundheitswesen nimmt zu: Krankenhäuser, Ärzte und Versicherungen werben um Kunden. Der Staat wird zugunsten einer privatwirtschaftlichen Gesundheitsversorgung zurückgedrängt. Markttransparenz, offene Informationspolitik und Zertifizierungssysteme rücken in den Vordergrund. In einem so gestalteten privatwirtschaftlich organisierten Markt nimmt der

Anreiz für Innovationen zu. Das benötigte Kapital wird in dieser Atmosphäre schon aus betriebswirtschaftlichen Gründen zur Verfügung stehen, die Anzahl der Krankenhäuser mit öffentlicher Trägerschaft sinkt, Konzepte der integrativen Versorgung werden umgesetzt. Kurz gesagt: Deutschland soll, infolge der Öffnung des Gesundheitsbereichs für marktregulierte Dienstleistungen als Standort für moderne und effiziente medizinische Versorgung gelten.

4.3.2 Szenario 1 „Status quo" - Ergebnisse

Das Ergebnis des Szenario 1 sei vorweggenommen: die Medizintechnik in Deutschland ist hier weder ein Beschäftigungs- noch ein Wachstumsmotor. Jedoch kam sie ihren Ruf als leistungsfähiger Medizintechnikstandort wahren. Wird an der bisherigen Politik festgehalten, so unterscheidet sich die Medizintechnik nicht vom Entwicklungsmuster anderer Industrien. Die schon jetzt hohen Exportquoten werden auch weiter zunehmen. Dies ist nötig, um die schwache Inlandsnachfrage und erhöhte Importquote auszugleichen. Der größtenteils mittelständig aufgestellten Branche fehlen aber monetäre und personelle Ressourcen, um global tätig zu werden. Grenzüberschreitende Kooperationen sind deshalb unabdingbar. In diesem Zusammenhang ist ein weiterer wichtiger Aspekt zu nennen, welcher die Attraktivität des Standortes Deutschlands schmälert: die kleinen und mittelständischen Unternehmen sind auf den Inlandsmarkt angewiesen. Ferner stellen gerade sie eine Quelle für technologische Neuerungen dar. Doch eine verhaltene Nachfrage nach medizintechnischen Gütern und eine geringe deutsche Bereitschaft, Innovationen einzuführen, gefährdet ihr Überleben. Deutschland kann seine Stärken auf dem Gebiet der forschungsintensiven Medizintechnik, wie etwa den bildgebenden Verfahren, weiter ausbauen. Die Produktion jedoch wird weiter abgebaut werden. Es gelingt der deutschen Medizintechnik nicht, weggefallene Arbeitsplätze durch die Schaffung neuer zu kompensieren.

4.3.3 Szenario 2 „Radikaler Wandel" - Ergebnisse

Dieses Szenario bescheinigt der Medizintechnik in Deutschland wesentlich günstigere Entwicklungschancen als Szenario 1. Es gelingt, besonders gut auf veränderte Marktbedingungen zu reagieren. Politik und Wirtschaft arbeiten gemeinsam für das Ziel, dass Deutschland weltweit eine Spitzenposition im Bereich Medizintechnik hält und ausbaut. Zwar bestehen die nationalen Gesundheitssysteme auch weiterhin, doch erlaubt die Öffnung der nationalen Gesundheitsmärkte mehr privates Engagement: Deutschland weist zum Beispiel eine sehr weit fortgeschrittene Umsetzung von Konzepten der integrierten Versorgung auf Basis elektronischer Informations- und Kommunikationssysteme auf. Die Förderung von Innovationen erlaubt das Eintreten neuer medizintechnischer Unternehmen in den Markt und bildet eine qualifizierte Zulieferungsindustrie heraus. Deutschlands Image verfestigt sich infolge der Kompetenz, hochwertige medizintechnische Versorgungssysteme zu entwickeln und einzusetzen. Nicht nur die Global Player der Medizintechnik profitieren von einem innovationsoffenen Markt, sondern vor allem die innovationsorientierten kleiner und mittelständischer sowie Start-up Unternehmen.

4.4 Wachstumspotential Medizintechnik - Eine Zusammenfassung

Betrachtet man die verschiedenen Facetten der zukünftigen potentiellen Entwicklung des medizintechnischen Marktes, so ist ein großes Potential erkennbar. Könnte die Medizintechnik nach der Dampfmaschine, der Eisenbahn, der Elektrotechnik und Chemie, der Petrochemie und der Automobilbranche sowie der Informationstechnik den sechsten Kontratieff-Zyklus bilden? Diese nach dem russischen Ökonomen Nikolai D. Kondratieff benannten Konjunkturzyklen stellen Auf- und Abschwungphasen der Wirtschaft dar und stehen geschichtlich gesehen in engem Zusammenhang mit technologischen Basisinnovationen. Mittels dieser Basistechnologien erfolgt der Aufschwung einer neuen Branche, die im Laufe der Zeit nahezu alle Produktionsverfahren und Dienstleistungen durchdringt und ein allgemeines Wirtschaftswachstum provoziert. Nach etwa 40-60 Jahren setzen dann eine Marktsättigung und ein neuer Zyklus ein.[232]

Nach Nefiodow ist die Medizintechnik definitiv ein aussichtsreicher Kandidat, diese Rolle einzunehmen. Sie besitzt, nach ihm, besonders gute Wachstumschancen, da sie bereits seit langem - infolge des Einzugs informationstechnischer,

---

[232] Vgl. Thomas, H. (1998), S. 9-10.

optischer und biotechnologischer Komponenten und Verfahren - einen revolutionären Wandel vollzieht.[233] Wenn es gelingt, dass Politik und Gesundheitssystem an einem Strang ziehen und der medizintechnischen Branche die Möglichkeit geben, ihre Potentiale auszuspielen, so hat die erfolgreiche Zukunft des Marktes gerade erst begonnen.

---

[233] Vgl. Nefiodow, L. A. (1996), S. 113-116.

5 Schlussbetrachtung

Der Markt für Medizintechnik ist wahrhaftig eine innovative Branche in regulierten Märkten. Ausgehend von einer langen Tradition bahnte sich die Medizingeschichte einen erfolgreichen Weg bis in die Gegenwart. Angefangen von zugespitzten Steinen für Operationen bis hin zu modernsten minimal-invasiven Verfahren in der Chirurgie weist die Medizintechnik eine beispiellose Erfolgsgeschichte auf. Dabei ist es immer bedeutend gewesen, dass sich die Medizintechnik der Erkenntnisse und Erfahrungen anderer Wirtschaftszweige bediente und für sich uminterpretierte. Die Medizintechnikgeschichte initiierte einen Strukturwandel in der deutschen Industrie und schon zu Beginn des 20. Jahrhunderts lieferte sie einen entscheidenden Beitrag zur Wirtschaftlichkeit in Deutschland.

Ausgehend von der geschichtlichen Entstehung dieser Branche ist es möglich, die Gegenwart zu verstehen. Aufgrund der Heterogenität des Marktes ist es nicht verwunderlich, dass sich heutige amtliche Statistiken teilweise erheblich voneinander unterscheiden. Der medizintechnische Fortschritt bewirkt eine unglaubliche Vielfalt und Bereitstellung unterschiedlichster Güter. Als Beispiel wurde deshalb oft die Elektromedizin herangezogen, um an einem der bedeutendsten Teilmärkte mit geschichtlichem Pionierstatus einen Einblick in die analytischen Tiefen der Erfassbarkeit des Marktes zu geben. Eingebunden in eine Reihe von Rahmenbedingungen agieren Medizintechnikunternehmen heute am Markt zwischen Regulierung und Marktwirtschaft. Die weitgehend mittelständische Prägung ist ein Charakteristikum der Branche. Daneben gibt es einige wenige große Konzerne, die den Markt beherrschen. Allen voran General Electrics und Siemens Medical Solutions. Insgesamt verzeichnet die deutsche Medizintechnik ein sehr gutes Auslandsgeschäft, während der Inlandsmarkt von stagnierenden Umsatzzahlen gekennzeichnet ist.

Die Zukunft des Marktes wird geprägt sein von den Entwicklungen der Gesundheitspolitik und der allgemeinen Wirtschaftkonjunktur. Die Medizintechnik, die schon immer das Ziel hatte, Krankheiten zu besiegen, wird auch weiterhin immer neue Dimensionen im Rahmen diagnostischer und therapeutischer Verfahren erschließen. Die Zukunft wird zeigen, was der Markt für Medizintechnik im Wandel der Zeit noch bereithalten wird.

Literaturverzeichnis

Albrecht, M. (1999)
Medizintechnik, Branchenreport der Hypo Vereinsbank, o. O.
Altenstetter, Ch. (2003)
EU and Member State medical devices Regulation, in: International Journal of Technology Assessment in Health Care, 19, 1, S. 228-248.
Bantle, R. (1996)
Determinanten der Innovation und Diffusion des medizinisch-technischen Fortschritts, Bayreuth.
Bause, U.; Forke, K.; Matauschek, J. (Hrsg.) (1990)
Medizintechnik, 5., überarbeitete Auflage, Berlin.
Bautz, W.; Kalender, W. (2005)
Was haben die Beatels mit der Computertomographie zu tun? In: Bautz, W.; Busch, U. (Hrsg.) (2005): 100 Jahre Deutsche Röntgengesellschaft, Stuttgart, Berlin, S. 76-79.
Bautz, W.; Busch, U. (Hrsg.) (2005)
100 Jahre Deutsche Röntgengesellschaft, Stuttgart, Berlin.
Bayerisches Staatsministerium für Wirtschaft, Verkehr und Technologie (Hrsg.) (1997)
Studie zur Medizintechnik in Bayern, deren wirtschaftsrelevantem F&E-Potential sowie abschätzbarer Entwicklungen, Endpräsentation, München.
BCG Boston Consulting Group GmbH (Hrsg.) (2003)
Aktuelle Trends im Beschaffungsmanagement für Medizintechnik und Medicalprodukte, Health Care, München.
Bertele, C. (1986)
Planung und Beschaffung der Medizintechnik von Krankenhäusern, Köln.
Bienek, K. H. P. (1994)
Medizinische Röntgentechnik in Deutschland, Historische Entwicklung und moderne Tendenzen, Wissenschaftliche Verlagsgesellschaft mbH, Stuttgart.
Birg, H. (2001)
Die demographische Zeitenwende, Der Bevölkerungsrückgang in Deutschland und Europa, München.
Bley, H. (1994)
Kompendium Medizin und Technik, Grundlagen und Anwendungen der Elektrophysiologie, Elektromedizin, Elektrotherapie, Bildgebende Verfahren, Labordiagnostik, Informatik, Sicherheitsaspekte in Praxis und Klinik, Gräfelfing.
Bochmann, E.; Rechlin, M.; Zarske, R.; Teichmann, W. (2002)
Machbarkeitsstudie für einen Medizintechnik-Campus in Schleswig-Holstein, Gutachten im Auftrag des Ministerium für Wirtschaft, Technologie und Verkehr des Landes Schleswig-Holstein, Gesundheitsinitiative Schleswig-Holstein, Kiel.
Braun, B. (o. J.)
125 Years of Siemens Medical Solutions, Providing the future in Healthcare, Erlangen.
Braun, H. (1995)
Das Quintilemma im Gesundheitswesen, Ein Beitrag zur ökonomischen Theorie der Diffusionsprozesse medizin-technischer Großgeräte zur Diagnose und Therapie, Weiden, Regensburg.
Braun, B.; Pöhlmann, E. (2005)
Hintergrundinformationen, Nuklearmedizinische Diagnostik, in: Siemens AG Medical Solutions (Hrsg.) (2005): Informationen für die Presse, CD-Rom, Erlangen.
Bräuer; H. (1949)
Die Entwicklung der deutschen elektromedizinischen Industrie unter besonderer Berücksichtigung der Siemens-Reiniger-Werke AG. Erlangen, Band I, Dissertationsschrift an der Philosophischen Fakultät der Friedrich-Alexander-Universität Erlangen.
Breyer, F.; Ulrich, V. (2000)
Demographischer Wandel, medizinischer Fortschritt und der Anstieg der Gesundheitsausgaben, in: Wochenbericht des DIW Berlin, 24, http://www.diw.de/deutsch/produkte/publikationen/wochenberichte/docs/00-24-2.html.
Budde, K. (1996)
Von der Elektrisiermaschine zur Elektrotherapie, Eine kurze Geschichte der Elektromedizin, in: Badisches Landesmuseum (Hrsg.) (1996): Die elektrisierte Gesellschaft, Karlsruhe, S. 179-185.

Bueß, G. F. (1996)
Neue Technologien in der minimal Invasiven Chirurgie, Helfen sie dem Patienten? In: Kaiser, G.; Siegrist, J.; Rosenfeld, E.; Wetzel-Vandai, K. (Hrsg.) (1996): Die Zukunft der Medizin, Neue Wege zur Gesundheit, Frankfurt a. M., S. 233-240.

Bundesamt für Gesundheit (Hrsg.) (2005)
Statistisches Taschenbuch, Gesundheit 2005, Berlin.

Bundesministerium für Bildung und Forschung (BMBF) (Hrsg.) (2000)
Kompetenzzentren für die Medizintechnik, Innovations- und Forschungspotential, Bonn.

Bundesministerium für Bildung und Forschung (BMBF) (Hrsg.) (2001)
Schritt in die Zukunft, Medizintechnik gefördert durch das BMBF, Bonn.

Bundesministerium für Bildung und Forschung (BMBF) (Hrsg.) (2003)
Von der Forschung in die Praxis, Kompetenzzentren für die Medizintechnik, Bonn.

Bundesministerium für Bildung und Forschung (BMBF) (Hrsg.) (2005a)
Zur technologischen Leistungsfähigkeit Deutschlands 2005, Bonn, Berlin.

Bundesministerium für Bildung und Forschung (BMBF) (Hrsg.) (2005b)
Studie zur Situation der Medizintechnik in Deutschland im internationalen Vergleich, Bonn, Berlin.

Bundesverband Medizintechnologie e.V. (Hrsg.) (BVMed) (2005a)
Jahresbericht 2004/05, Berlin.

Bundesverband Medizintechnologie e.V. (Hrsg.) (BVMed) (2005b)
Medizinprodukterecht, Berlin.

Bundesverband Medizintechnologie e.V. (Hrsg.) (BVMed) (2005c)
Branchenbericht Medizintechnologien 2005, Berlin.

Carls, J.; Pirk, O. (2005)
Springer Wörterbuch, Gesundheitswesen, Public Health von A bis Z, 2., vollständig überarbeitete und erweiterte Auflage, Heidelberg.

Christgau, H. (1994)
Umweltschutz, in: elektromedica, 62, 2, S. 59.

Cooper, R.; Osselton, J. W.; Shaw, J. C. (1978)
Elektroenzephalographie, Technik und Methoden, 2., durchgesehene Auflage, Stuttgart.

Deutsche Industriebank AG (IKB) (Hrsg.) (2002)
Medizintechnik – ein Markt mit Wachstumsperspektiven, Märkte im Focus, IKB Report, Düsseldorf.

Deutscher Industrieverband für optische, medizinische und mechatronische Technologien e.V. (Spectaris) (Hrsg.) (2004b)
Die deutsche Medizintechnik 2004, Auswertung der SPECTARIS-Umfrage zur Situation der deutschen Medizintechnik 2004 und den Kriterien für eine optimale strategische Positionierung am (Welt-)Markt, Köln.

Deutsches Institut für Wirtschaftsforschung (DIW) Berlin (2001)
Wirtschaftliche Aspekte der Märkte für Gesundheitsdienstleistungen, Ökonomische Chancen unter sich verändernden demographischen und wettbewerblichen Bedingungen in der Europäischen Union, Berlin.

Dössel, O. (2002)
Geschichte der bildgebenden Verfahren in der Medizin, in: Konecny, E.; Roelcke, V.; Weiss, B. (Hrsg.) (2003): Medizintechnik im 20. Jahrhundert, Mechanik, Elektrotechnik, Informationssysteme, Berlin, Offenbach, S. 59-92.

Duin, N.; Sutcliffe, J. (1993)
Geschichte der Medizin, Von der Antike bis zum Jahr 2020, vgs Verlagsgesellschaft, Köln.

Eckerle, K. (Hrsg.) (1998)
Auswirkungen veränderter ökonomischer und rechtlicher Rahmenbedingungen auf die gesetzliche Rentenversicherung in Deutschland, Prognos-Gutachten 1998, Frankfurt am Main.

European Coordination Committee of the Radiological and Electromedical Industries (COCIR) (Hrsg.) (1995)
Medical Device Technology, Benefits and Costs, Zoetermeer.

European Coordination Committee of the Radiological and Electromedical Industries (COCIR) (Hrsg.) (2003)
Age Profile Medical Devices, The Need for Sustained Investment, Third Edition, Frankfurt am Main.

Fachverband Elektromedizinische Technik (2005)
Elektromedizin, Daten und Trends 2005, Frankfurt am Main.

Fehr, W. (1981)
CHF Müller, mit Röntgen beginnt die Zukunft, Überliefertes und Erlebtes, Hamburg.

Frädrich, A. (2004)
Refurbished Systems, Aus alt mach neu, http://www.medizin.de/gesundheit/deutsch/1326.htm, (Stand: 26.03.2006).

Gfk HealthCare (Hrsg.) (2004)
Wiederverwendung von medizinischen Einmalprodukten, Ergebnisse einer Umfrage im Auftrag von BVMed und DGVP, www.bvmed.de/linebreak4/mod/netmedia_pdf/data/gfk_reuse.pdf.

Goerke, H. (1988)
Medizin und Technik, 3000 Jahre ärztliche Hilfsmittel für Diagnostik und Therapie, München.

Grönemeyer, D. H. W. (2001)
Med. in Deutschland, Standort mit Zukunft, ABW Wissenschaftsverlag GmbH, Berlin.

Grönemeyer, D. H. W. (2005)
Gesundheitswirtschaft. Die Zukunft für Deutschland, Berlin.

Haeger, K. (1988)
The illustrated History of Surgery, London.

Hahn, A.; Sieburg, F. (2002)
Herz-Lungen-Maschinen (HLM), in: Kramme, R. (Hrsg.) (2002a)
Medizintechnik, Verfahren, Systeme, Informationsverarbeitung, 2. vollständig überarbeitete und erweiterte Auflage, Heidelberg, S. 345-366.

Haller von Hallerstein, D. Frfr. (1955)
Der Auslandsabsatz elektromedizinischer Erzeugnisse, Eine marktanalytische Studie unter besonderer Berücksichtigung der westeuropäischen und südamerikanischen Länder, Band I, Dissertationsschrift an der Hochschule für Wirtschafts- und Sozialwissenschaften Nürnberg, Nürnberg.

Harig, G.; Schneck, P. (1990)
Geschichte der Medizin, Berlin.

Hämisch, Y; Eggert, M. (2000)
Positronenemissionstomographie (PET), funktionale Diagnostik und Therapiemanagement in der modernen Medizin, Ein technologischer Überblick, in: Kramme, R. (Hrsg.) (2002a): Medizintechnik, Verfahren, Systeme, Informationsverarbeitung, 2. vollständig überarbeitete und erweiterte Auflage, Heidelberg.

Henke, K.-D. (2004)
Medizintechnik als Wachstumschance für die deutsche Wirtschaft, Berlin.

Henke, K.-D.; Reimers, L. (2005)
Finanzierung, Vergütung und Integrierte Versorgung im medizinisch-technischen Leistungsgeschehen, Berlin.

Hof, B. (2001)
Auswirkungen und Konsequenzen der demographischen Entwicklung für die gesetzliche Kranken- und Pflegeversicherung, Köln.

Hornschild, K.; Wilkens, M. (2004)
Medizintechnik, Eine innovative Branche in regulierten Märkten; in: Wochenbericht des DIW Berlin, 48, S. 749-756.

Hornschild, K.; Raab, S.; Weiss, J.-P. (2005)
Die Medizintechnik am Standort Deutschland – Chancen und Risiken durch technologische Innovationen, Auswirkungen auf und durch das nationale Gesundheitssystem sowie potentielle Wachstumsmärkte im Ausland, DIW Berlin (Hrsg.), Berlin.

Hungenberg, H. (2004)
Strategisches Management in Unternehmen, Ziele, Prozesse, Verfahren, 3., überarbeitete und erweiterte Auflage, Wiesbaden.

Jetter, D. (1992)
Geschichte der Medizin, Einführung in die Entwicklung der Heilkunde aller Länder und Zeiten, Georg Thieme Verlag, Stuttgart.

Jacob, O.; Da-Cruz, P. (2002)
Europaweite Partnerschaften sind angesagt, in: MTD (2002), 7, S. 66-70.

Kalender, W. (1994)
Computertomographie, Technische Entwicklung, in: Rosenbusch, G.; Oudkerk, M; Ammann E. (Hrsg.) (1994): Radiologie in der medizinischen Diagnostik, Evolution der Röntgenstrahlenanwendung 1895-1995, Berlin, S. 300-311.

Kartte, J.; Neumann, K.; Kainzinger, F.; Henke, K.-D. (2005)
Innovation und Wachstum im Gesundheitswesen, Roland Berger Strategy Consultants.

Kelkenberg, I. (2003)
Medizintechnik in der EU, Bundesagentur für Außenwirtschaft, Köln.

Klinger, M. (2005)
Medizintechnik-Hersteller und -Anwender, Einander besser verstehen, Zeit und Kosten sparen, in: Wittmann, M. (2005): Medizintechnik in Bayern, Profile, Porträts, Perspektiven, München, S. 78-79.

Klump, R. (1996)
    Die „neue Art von Strahlen" und die „langen Wellen der wirtschaftlichen Entwicklung", Röntgens
    Entdeckung aus ökonomischer Sicht, in: Würzburger medizinhistorische Mitteilungen, 14, S. 193-205.
Klump, R.; Plagens, M. (2000)
    Ist das Gesundheitswesen in Deutschland ein „Nachfragemotor" für Fortschritte in der Medizintechnik?,
    Eine Analyse der Beziehungen zwischen Gesundheitssystem und medizinisch-technischen Innovationen
    am Beispiel bildgebender Verfahren, in: Mestmäcker, E.-J.; et al. (Hrsg.) (2000): Jahrbuch für die
    Ordnung von Wirtschaft und Gesellschaft (Ordo), Band 51, Stuttgart, S. 355-382.
Knappe, E.; Neubauer, G.; Seeger, Th.; Sullivan, K. (2000)
    Die Bedeutung von Medizinprodukten im deutschen Gesundheitswesen, o. O.
Kolem, H, (2002)
    Magnetresonanztomographie (MRT), in: Kramme, R. (Hrsg.) (2002a)
    Medizintechnik, Verfahren, Systeme, Informationsverarbeitung, 2. vollständig überarbeitete und
    erweiterte Auflage, Heidelberg, S. 255-270.
Kommritz, M. (2004)
    Die koronare Herzkrankheit, Zivilisationskrankheit Nr. 1 in Deutschland, Drug-eluting Stent, Neue Stent-
    Technologie verhindert Restenose, in: Klinikmanagement Aktuell, Supplement Medizintechnik,
    Wegscheid, S. 4-5.
Konecny, E.; Roelcke, V.; Weiss, B. (Hrsg.) (2003)
    Medizintechnik im 20. Jahrhundert, Mechanik, Elektrotechnik, Informationssysteme, Berlin, Offenbach.
König, H.-H. (1993)
    Steuerung der Anschaffung und Nutzung medizin-technischer Großgeräte, Internationaler Vergleich,
    Möglichkeiten und Probleme, Dissertationsschrift an der Medizinischen Fakultät der Eberhard-Karls-
    Universität Tübingen, Tübingen.
Kramme, R. (Hrsg.) (2002a)
    Medizintechnik, Verfahren, Systeme, Informationsverarbeitung, 2. vollständig überarbeitete und
    erweiterte Auflage, Heidelberg.
Kramme, R. (Hrsg.) (2002b)
    Mehr Informationen aus Digitalbildern, Neue Entwicklungen bei den Bildgebenden Verfahren, in:
    Krankenhaus Umschau, 71, 11, S. 950-955.
Kramme, R. (2004)
    Wörterbuch Technische Medizin, Berlin, Heidelberg.
Krankenhaus Umschau (Hrsg.) (2005)
    Trends in der Medizintechnik, Kulmbach.
Krankenhaus Umschau (Hrsg.) (2004)
    Trends in der Medizintechnik, Kulmbach.
Kreysch, W. (2002)
    Medizintechnik im Zeichen der DRGs, Einfluss der medizintechnischen Ablauforganisation auf die
    Fallverlaufskosten, in: Krankenhaus Umschau, 71, S. 956-962.
Krütten, J.; Rautenberg, F.; Liefner, M. (2005)
    Zukünftige Relevanz und Konsequenzen von Krankenhaus-Einkaufskooperationen für
    Medizintechnologie-Anbieter in Deutschland, Bonn.
Lachmann, W. (1997)
    Volkswirtschaftslehre 1, Grundlagen, 3., überarbeitete und erweiterte Auflage, Berlin.
Landesbank Baden-Württemberg (Hrsg.) (2005)
    Branchenanalyse, Medizintechnik 2005, Stuttgart.
Lawin, P. (2002)
    Die Entwicklung der Intensivmedizin, in: Konecny, E.; Roelcke, V.; Weiss, B. (Hrsg.) (2003):
    Medizintechnik im 20. Jahrhundert, Mechanik, Elektrotechnik, Informationssysteme, Berlin, Offenbach,
    S. 105-124.
Lawin, P.; Opderbecke, H. W.; Schuster, H.-P. (Hrsg.) (2002)
    Die Intensivmedizin in Deutschland, Geschichte und Entwicklung, Berlin, Heidelberg.
Leu, R. E. (1988)
    Technologischer Wandel im Gesundheitswesen, Determinanten und Auswirkungen, in: Gäfgen, G.;
    Oberender, P. (1988): Technologischer Wandel im Gesundheitswesen, Nomos Verlagsgesellschaft,
    Baden-Baden, S. 9-33.
Linde, C. v. d. (1992)
    Deutsche Wettbewerbsvorteile, Düsseldorf.

Maly, W. (1992)
Internationalisierung im High-Tech-Wettbewerb, in: Pfeiffer, W.; Weiß, E. (Hrsg.) (1992): Internationaler High-Tech-Wettbewerb, Herausforderungen, Lösungen, Erfahrungen, Erich Schmidt Verlag GmbH & Co., Berlin, S. 19-52.

Meyer, D. (1993)
Technischer Fortschritt im Gesundheitswesen, Eine Analyse der Anreizstrukturen aus ordnungstheoretischer Sicht, Tübingen.

Messe Düsseldorf GmbH (Hrsg.) (2005)
Medica Katalog, Düsseldorf.

Müller, E.; Schwander, B.; Zerwes, U.; Bergemann, R. (2004)
Klinische und ökonomische Evaluation des diagnostischen Verfahrens „Kapselendoskopie" zur Untersuchung des Dünndarms, Lörrach.

Müller, A.; Stratmann, D.; Klose, T.; Leidl, R. (2000)
Ökonomische Evaluationen der Positronen-Emissions-Tomographie, Ein gesundheitsökonomischer HTA-Bericht, Ulm.

Nefiodow, L. A. (1996)
Der sechste Kondratieff, Wege zur Produktivität und Vollbeschäftigung im Zeitalter der Information, Sankt Augustin.

Nippa, J. (2003)
Sparkandidat Medizintechnik? In: Krankenhaus Umschau (KU), 72, 11, S. 1020-1022.

Oberender, P. O.; Hebborn, A.; Zerth, J. (2002)
Wachstumsmarkt Gesundheit, Lucius & Lucius Verlagsgesellschaft mbH, Stuttgart.

o. V. (2004)
Evidenzbasierte Entscheidungshilfe, in: Deutsches Ärzteblatt (DÄ), 101, 4, S. 170.

o. V. (2005)
Der Countdown läuft, in: Medizintechnischer Dialog (MTD), 7, 5, S. 49-51.

Pasch, Th.; Mörgeli, Ch. (Hrsg.) (1997)
150 Jahre Anästhesie, Narkose, Intensivmedizin, Schmerztherapie, Notfallmedizin, Wiesbaden.

Perleth, M. (2003)
Evidenzbasierte Entscheidungsunterstützung im Gesundheitswesen, Konzepte und Methoden der systematischen Bewertung medizinischer Technologien (Health Technology Assessment) in Deutschland, Berlin.

Perleth, M.; Busse, R. (2004)
Health Tehnology Assessment (HTA), Teil und Methode der Versorgungsforschung, in: Gesundheitsökonomie & Qualitätsmanagement, 9, S. 172-176.

Perlitz, Uwe (2004)
Perspektiven Healthcare, Deutsche Bank Research.

Pfaff, M.; Nagel, F (1992)
Probleme und Ansatzpunkte für eine ökonomische Bewertung der Medizintechnologie, in: Sozialer Fortschritt, 41, 5/6, S. 105-112.

Plagens, M. (2001)
Innovationsprozesse in der Medizintechnik in Deutschland, Dissertationsschrift an der Wirtschaftswissenschaftlichen Fakultät der Bayerischen Julius-Maximilian-Universität Würzburg.

Porter, M. E. (1991)
Nationale Wettbewerbsvorteile, Erfolgreich konkurrieren auf dem Weltmarkt, München.

Raab, S.; Weiß, J.-P. (2004)
Wachstumsmarkt Medizintechnik: Deutschland im internationalen Wettbewerb, in: Wochenbericht des DIW Berlin, 71, 48, S. 739-748.

Reif, M. (2004)
Das „weltweit größte EDV-Projekt" Elektronische Gesundheitskarte, EPA, Health Professional Card und Telematik, Aktueller Stand in Deutschland, in: Krankenhaus Umschau, 9, S. 742-745.

Reim, H. (2006)
Experteninterview bei Siemens Medical Solutions, am 19.01.2006.

Reinhardt, E. R. (2005)
White-Paper zur Weiterentwicklung des Deutschen Gesundheitswesens, Innovationen in der Medizintechnik - Effizienzsteigerung in der Gesundheitsversorgung, Siemens Medical Solutions, München, Erlangen.

Reiser, S. J. (1978)
Medicine and the Reign of Technology, Cambridge, London, New York, Melbourn.

Richard, S. (1993)
    Qualitätssicherung und technologischer Wandel im Gesundheitswesen, Eine institutionenökonomische Analyse, Baden-Baden.
Scherrer, M. (2005)
    Alles Schrott oder was? In: KMA (2005): Sonderheft Medizintechnik, Wegscheid, S. 28-29.
Schipperges, H. (Hrsg.) (1990)
    Geschichte der Medizin in Schlaglichtern, Meyers Lexikonverlag, Mannheim.
Schmitt, J. M., Beeres, M. (2004)
    Geschichte und Trends der Medizintechnologie, Berlin.
Schmucker, P. (2002)
    Die Entwicklung der Anästhesietechnik, in: Konecny, E.; Roelcke, V.; Weiss, B. (Hrsg.) (2003): Medizintechnik im 20. Jahrhundert, Mechanik, Elektrotechnik, Informationssysteme, Berlin, Offenbach, S. 167-180.
Schöffski, O. (2001)
    Wie viel Medizintechnik ist im Gesundheitswesen bezahlbar? In: TÜV Saarland Foundation (Hrsg.): Congress-Dokumentation World Congress "Safety of Modern Technical Systems", Köln, S. 685-693.
Schöffski, O. (o. J.)
    Gesundheitsmanagement und Gesundheitsökonomie, Nürnberg.
Schöffski, O.; Schulenburg, J.-M. Graf v. d. (Hrsg.) (2002)
    Gesundheitsökonomische Evaluationen, Studienausgabe, Berlin.
Schumacher, D.; Legler, H.; Gehrke, B. (2003)
    Marktergebnisse bei forschungsintensiven Waren und wissensintensiven Dienstleistungen, Außenhandel, Produktion und Beschäftigung, Berlin.
Siemens AG, Medical Solutions (Hrsg.) (2004a)
    30 Years of Innovations, Siemens Computed Tomography. Always Thinking Ahead, Erlangen, Forchheim.
Siemens AG, Medical Solutions (Hrsg.) (2004c)
    Siemens im Gesundheitswesen, Ganzheitlichkeit und umfassendes Know-How, Erlangen.
Siemens AG, Medical Solutions (Hrsg.) (2005)
    Informationen für die Presse, CD-Rom, Erlangen.
Siemens AG, Medical Solutions (Hrsg.) (o. J.)
    50 Jahre Echokardiographie, Historisches, Aktuelles, Nürnberg.
Silomon, H. (Hrsg.) (1983)
    Technologie in der Medizin, Folgen und Probleme, Stuttgart.
Stamer, W. (2003)
    100 Jahre Röntgenröhren, Vom einfachen Röntgenrohr zur Hochleistungs-Drehanodenröhre, Ein Rückblick auf 100 Jahre Röntgenröhrentechnik, Philips Medizin Systeme, o. O.
Statistisches Bundesamt (Hrsg.) (2002)
    Güterverzeichnis für Produktionsstatistiken, Ausgabe 2002, http://w3gewan.bayern.de/klass/index.htm (Stand: 12.01.2006).
Statistisches Bundesamt (Hrsg.) (2003)
    Bevölkerung Deutschlands bis 2050, Ergebnisse der 10. koordinierten Bevölkerungsvorausberechnung, Wiesbaden.
Statistisches Bundesamt (Hrsg.) (2004a)
    Gesundheit, Krankheitskosten 2002, Wiesbaden.
Statistisches Bundesamt (Hrsg.) (2004b)
    Übersicht über die Gliederung der Klassifikation der Wirtschaftszweige, Ausgabe 2003, http://www.destatis.de/download/d/klassif/wz03.pdf, (Stand: 21.01.2006).
Statistisches Bundesamt (Hrsg.) (2005)
    Diagnosedaten der Patienten und Patientinnen in Krankenhäusern (einschl. Sterbe- und Stundenfälle), Wiesbaden.
Statistisches Bundesamt (Hrsg.) (o.J.)
    Gegenüberstellung der Güterabteilungen des „Systematischen Güterverzeichnisses für Produktionsstatistiken" (GP) und der Warennummern des Warenverzeichnisses für die Außenhandelsstatistik (WA), GP (2002)/ WA (2006), o. O.
Stehr, H. (1993)
    Ökonomische und strukturelle Aspekte moderner Medizintechnik, in: Aktuelle Radiologie, 3, S. 323-329.
Thalmayr, M. (2005)
    Entscheidend ist, was man nicht macht, in: KMA (2005): Sonderheft Medizintechnik, Wegscheid, S. 7-8.

Thome, R. (1983)
Kommentare aus gesundheitsökonomischen Sicht, Die Ökonomie von Technologie in der Medizin, in: Silomon, H. (Hrsg.) (1983): Technologie in der Medizin, Folgen und Probleme, Stuttgart, S. 142-151.

Thomas, H. (1998)
Zur Einführung, in: Thomas, H.; Nefiodow, L. A. (Hrsg.) (1998): Kondratieffs Zyklen der Wirtschaft, An der Schwelle neuer Vollbeschäftigung, Herford, S. 9-15.

Thomas, H.; Nefiodow, L. A. (Hrsg.) (1998)
Kondratieffs Zyklen der Wirtschaft, An der Schwelle neuer Vollbeschäftigung, Herford.

Verband der Elektrotechnik Elektronik Informationstechnik e.V. (VDE) (2003)
Technikakzeptanz in der Medizin, Frankfurt am Main.

Verband der Elektrotechnik Elektronik Informationstechnik e.V. (VDE) (2005)
Technikakzeptanz 2005, Frankfurt am Main.

Vogler-Ludwig, K.; Leitzke, S. (Hrsg.) (2004)
Wachstumsmarkt Medizintechnik, Eine Standortbestimmung für den Wirtschaftsraum München, München.

Wawersik, J. (1987)
Entwicklung der Narkosegeräte, in: Zinganell, K. (Hrsg.) (1987): Anästhesie historisch gesehen, Berlin, Heidelberg, New York, London, Paris, Tokyo, S. 21-29.

Wildau, H.-J.; Baumann, M. (2004)
Nach Entwicklung droht die Kostenfalle; in: Oberender, P. O.; Schommer, R.; Da-Cruz, P. (Hrsg.) (2004): Zukunftsorientiertes Management in der Medizinprodukteindustrie, Bayreuth, S. 163-173.

Williams, A. (1984)
Die Rolle der Ökonomie in der Evaluation von Technologien für die Gesundheitsversorgung, in: Culyer, A. J.; Horisberger, B. (Hrsg.) (1984): Technologie im Gesundheitswesen, Medizinische und wirtschaftliche Aspekte, Spriner-Verlag, Berlin Heidelberg, S. 47-80.

Winau, R. (1993a)
Das Sichtbarmachen des Unsichtbaren, in: Winau, R. (Hrsg.) (1993): Technik und Medizin, Band 4 Technik und Kultur, VDI Verlag GmbH, Düsseldorf, S. 95-168.

Winau, R. (1993b)
Technische Hilfsmittel in der Medizin, in: Winau, R. (Hrsg.) (1993): Technik und Medizin, Band 4 Technik und Kultur, VDI Verlag GmbH, Düsseldorf., S. 31-94.

Winau, R. (Hrsg.) (1993c)
Technik und Medizin, Band 4 Technik und Kultur, VDI Verlag GmbH, Düsseldorf.

Wörz, M.; Perleth, M.; Schöffski, O.; Schwartz, F. W. (2002)
Innovative Medizinprodukte im deutschen Gesundheitswesen, Wege und Verfahren der Bewertung im Hinblick auf Regelungen zur Marktzulassung und Kostenübernahme von innovativen Medizinprodukten, Baden-Baden.

Zentralverband Elektrotechnik- und Elektroindustrie e. V. (ZVEI) (Hrsg.) (2005b)
Elektromedizin, Daten und Trends, Frankfurt am Main.

Zinganell, K. (Hrsg.) (1987)
Anästhesie historisch gesehen, Berlin, Heidelberg, New York, London, Paris, Tokyo.

Bildnachweis

Abbildung 3	Bildquelle: http://de.wikipedia.org/wiki/Stethoskop, (Stand: 24.12.2006).	15
Abbildung 4	Bildquelle: http://cms.3m.com/cms/CH/de/038/FkzFEU/ view.jhtml, (Stand: 16.12.2006).	16
Abbildung 6	Bildquelle: http://www.eltrotec.com/Seiten/Video-Endoskope/d/video-endoskope.htm, (Stand: 03.11.2006).	22
Abbildung 7	Bildquelle: http://www.drg.de/data/wuerdigungen/galerie/ Roentgen.JPG, (Stand: 04.11.2006).	23
Abbildung 8	Bildquelle: Siemens AG, Medical Solutions (Hrsg.) (2005).	24
Abbildung 9	Bildquelle: http://www.medical.siemens.com/webapp/wcs/ stores/servlet/PressReleaseView?langId=-1&storeId= 10001&catalogId=-1&catTree=100005,13839 &pageId=71359, (Stand: 03.01.2007).	26
Abbildung 10	Bildquelle: http://www.medical.siemens.com/webapp/ wcs/stores/servlet/ProductDisplay?storeId=10001& catalogId=-3&langId=-3&productId=168891&cat Tree=100001,168891, (Stand: 23.12.2006).	28
Abbildung 11	Bildquelle: http://www.chirurgie-ohne-messer.de/ index.html, (Stand: 23.12.2006).	31
Abbildung 12	Bildquelle: http://www.rfq.de/chirinstr.htm, (Stand: 01.12.2006)	32
Abbildung 13	Bildquelle: http://www.iof.fraunhofer.de/departments/ precision-engineering/medical/projects/stent_content_ d.html, (Stand: 26.11.2006).	34
Abbildung 14	Bildquelle: http://www.anaesthesia.de/museum/ clover.html, (Stand: 09.12.2006).	36
Abbildung 15	Bildquelle: http://images.google.de/imgres?imgurl=http:// www.aerztewche.at/banner%3FimageId%3D2893&imgref url=http://www.aerztewoche.at/viewArticleDetails.do%3F articleId%3D3198&h=140&w=210&sz=6&hl=de&start=1 &tbnid=8r3uDaYf1zFunM:&tbnh=71&tbnw=106&prev=/ images%3Fq%3DJunkers%2BNarkoseapprat%26svnum% 3D10%26hl%3Dde%26lr%3D, (Stand: 10.10.2006).	36
Abbildung 16	Bildquelle: http://www.herz-lungen-maschine.de/hlm.htm, (Stand: 18.12.2006).	38
Abbildung 17	Bildquelle: http://www.herz-lungen-maschine.de/hlm.htm, (Stand: 16.12.2006).	39

Anhang

Anhang 1:   Produkte der Medizintechnik i. e. S. nach GP 2002   118
Anhang 2:   Medizintechnik i.w.S nach Güterproduktions- und
            Außenhandelsstatisik   120
Anhang 3:   Gliederung der Medizintechnik i. e. S. nach Diagnostik,
            Therapie, Spezialdisziplinen   124
Anhang 4:   Ausgewählte Bildgebende Verfahren im Vergleich   125
Anhang 5:   Historische Meilensteine der Medizintechnik und ihres
            Marktes   125
Anhang 6:   Betriebe, Beschäftigte und Umsatz der Medizintechnik i. e.
            S. 1995-2004   129
Anhang 7:   Exporte der Medizintechnik i. w. S. im Zeitraum
            1996-2004 nach Produktgruppen   131
Anhang 8:   Importe der Medizintechnik i. w. S. im Zeitraum
            1996-2004 nach Produktgruppen   135
Anhang 9:   Inlandsmarkt   139
Anhang 10: Entwicklung der Gesundheitsausgaben nach Ausgabenträger
            (Mio €)   140
Anhang 11: Prognose der Entwicklung der Ausgaben für Medizintechnik 141
Anhang 12: Literarische Zusammenschau   142
Anhang 13: Kompetenzzentren   143

118

Anhang 1: Produkte der Medizintechnik i. e. S. nach GP 2002[234]

WZ 33.10 mit Produktbezeichnung nach GP 2002
33.10.1 Herstellung von elektromedizinischen Geräten und Instrumenten
3310 11 150 Röntgenapparate und -geräte (einschl. Schirmbildfotografie- oder Strahlentherapiegeräten) für medizinische, chirurgische, zahnärztliche oder tierärztliche Zwecke, auch Computertomographen
3310 11 350 Apparate und Geräte, die Alpha-, Beta- oder Gammastrahlen verwenden (einschl. Schirmbildfotografie- oder Strahlentherapiegeräten) für medizinische, chirurgische, zahnärztliche oder tierärztliche Zwecke
3310 11 500 Röntgenröhren
3310 11 705 Teile und Zubehör für Röntgen- und andere radioaktive Strahlungsapparate und -geräte u.ä.
3310 11 709 Andere Teile und Zubehör für Röntgen- und andere radioaktive Strahlungsapparate
3310 12 101 Elektrokardiographen (Apparate und Geräte)
3310 12 109 Zubehör für Elektrokardiographen (z. B.Klebeelektroden)
3310 12 300 Andere Elektrodiagnoseapparate und -geräte (z. B. Kernspintomographen, Magnetresonanz-geräte), Teile und Zubehör
3310 12 500 Ultraviolett- oder Infrarotbestrahlungsgeräte, Teile und Zubehör
3310 13 300 Dentalbohrmaschinen, auch mit Sockel und eingebauten anderen zahnärztlichen Ausrüstungen
3310 14 000 Sterilisierapparate für medizinische oder chirurgische Zwecke oder für Laboratorien
3310 15 333 Elektronische Blutdruckmessgeräte
3310 15 553 Ultraschalltherapiegeräte (ohne Nierensteinzertrümmerer)
3310 15 559 Andere Apparate und Geräte, für Diathermie
3310 15 730 Lithotripsie-Geräte mit Ultraschall
3310 15 793 Andere Apparate und Geräte, für medizinische und chirurgische Zwecke (ohne Lithotripsie-Geräte), elektromedizinisch und -chirurgisch arbeitend
3310 16 533 Elektrische Vibrations-Massagegeräte
3310 18 330 Schwerhörigengeräte
3310 18 390 Teile und Zubehör für Schwerhörigengeräte
3310 18 500 Herzschrittmacher (ohne Teile und Zubehör)
33.10.2 Herstellung von medizintechnischen Geräten
3310 13 505 Zahnärztliche Zangen, Modellier- und Polierinstrumente u.ä. Dentalinstrumente
3310 13 509 Andere zahnärztliche Instrumente, Apparate und Geräte
3310 15 110 Spritzen, auch mit Nadeln
3310 15 130 Hohlnadeln aus Metall
3310 15 150 Operationsnähnadeln
3310 15 170 Katheter, Kanülen und dergleichen
3310 15 200 Andere augenärztliche Instrumente, Apparate und Geräte
3310 15 339 Andere Blutdruckmessgeräte
3310 15 350 Endoskope
3310 15 530 Künstliche Nieren

---

[234] Quelle: Statistisches Bundesamt (Hrsg.) (2002).

WZ 33.10 mit Produktbezeichnung nach GP 2002
3310 15 630 Transfusionsgeräte (einschl. Infusionsgeräten)
3310 15 650 Apparate und Geräte für Anästhesie
3310 15 795 Chirurgische Scheren, Zangen, Nadelhalter u.ä. chirurgische Instrumente
3310 15 799 Andere Apparate und Geräte, für medizinische und chirurgische Zwecke
3310 16 535 Andere Apparate und Geräte für Mechanotherapie und Psychotechnik
3310 16 550 Apparate und Geräte für Ozon-, Sauerstoff- oder Aerosoltherapie, Beatmungsapparate zur Wie-derbelebung und andere Apparate und Geräte für Atmungstherapie
3310 16 900 Andere Atmungsapparate, -geräte, Gasmasken (ohne Schutzmasken, mechanische Teile, auswech-selbares Filterelement)
3310 20 300 Dental-, Friseurstühle u.ä. Stühle und Teile dafür
3310 20 500 Andere Möbel für die Medizin oder Chirurgie und Teile dafür
3310 91 000 Installation von medizinischen Geräten und orthopädischen Vorrichtungen
3310 92 000 Reparatur, Instandhaltung von medizinischen Geräten, orthopädischen Vorrichtungen (einschl. Waren der Zahnprothetik)

Anhang 2: Medizintechnik i.w.S nach Güterproduktions- und Außenhandelsstatistik[235]

Produkt-gruppe		Medizintechnische Produkte gemäß			
		Güterverzeichnis der Produktions-statistik (GP)		Warenverzeichnis der Außenhandelsstatistik (WZ)	
		Meldenummer.	Bezeichnung	Meldenummer.	Bezeichnung
1	Röntgen-strahlen- und Strahlen-therapie	3310 11 150	Röntgenapparate und -geräte (einschließlich Schirmbildfotografie- oder Strahlentherapiegeräten) für medizinische, chirurgische, zahnärztliche oder tierärztliche Zwecke, auch Compu-tertomographen	9022 12	Apparate für die Computertomografie Andere Röntgenapparate für
				9022 13	zahnärztliche Zwecke Andere Röntgenapparate für
				9022 14	medizinische, chirurgische oder tierärztliche Zwecke Apparate und Geräte, die Alpha-, Beta-
		3310 11 350	Apparate und Geräte, die Alpha-, Beta- oder Gammastrahlen verwenden (einschließlich Schirmbildfotografie- oder Strahlentherapiegeräten) für medizinische, chirurgische, zahnärztliche oder tierärztliche Zwecke	9022 21	oder Gammastrahlen verwenden, für medizinische, chirurgische, zahn-ärztliche oder tierärztliche Zwecke Röntgenröhren
				9022 30	Röntgenschirme, einschließlich Verstärkerfolien; Streustrahlenraster und andere, einschließlich Teile und
		3310 11 500	Röntgenröhren	9022 90 10	Zubehör
		3310 11 705	Teile und Zubehör für Röntgen- und andere radioaktive Strahlungsapparate und -geräte u.ä.		
2	Andere Diagnose-systeme	3310 12 101	Elektrokariografen (Apparate und Geräte)	9018 11	Elektrokardiografen
				9018 12	Ultraschalldiagnosegeräte
		3310 12 109	Zubehör für Elektrokardiografen (z. B. Klebeelektroden)	9018 13	Magnetresonanzgeräte
				9018 14	Szintigrafiegeräte
		3310 12 300	Andere Elektrodiagnoseapparate und -geräte (z. B. Kernspintomographen, Magnetresonanzgeräte), Teile und Zubehör	9018 19 10	Überwachungsapparate und -geräte zur gleichzeitigen Über-wachung von zwei oder mehr Parametern
				9018 19 90	andere Elektrodiagnoseapparate und -geräte
				9018 90 20	Endoskope
3	Therapie-systeme	3310 12 500	Ultraviolett- oder Infrarot-bestrahlungsgeräte, Teile und Zubehör	9018 20	Ultraviolett- oder Infrarot-bestrahlungsgeräte
		3310 15 530	Künstliche Nieren	9018 90 30	künstliche Nieren
		3310 15 553	Ultraschalltherapiegeräte (ohne Nierenstein-zertrümmerer)	9018 90 41	Ultraschalltherapiegeräte
		3310 15 559	Andere Apparate und Geräte, für Diathermie Lithotripsie-Geräte mit Ultraschall	9018 90 49	andere Apparate und Geräte für Diathermie
				9018 90 70	Ultraschall-Lithoklaste
		3310 15 730	Andere Apparate und Geräte für Mechanotherapie und Psychotechnik	9018 90 75	Apparate und Geräte zur Ner-venreizung
		3310 16 535	Elektrische Vibrations-Massagegeräte Apparate und Geräte für Ozon-,	9019 10 90	Andere Apparate und Geräte für Mechanotherapie; Massageapparate und -geräte; Apparate und Geräte für Psychotechnik
		3310 16 533	Sauerstoff- oder Aerosoltherapie, Beatmungsapparate zur	9019 10 10	elektrische Vibrationsmassagegeräte Apparate und Geräte für Ozontherapie,
		3310 16 550	Wiederbelebung und andere Apparate und Geräte für Atmungstherapie	9019 20	Sauerstofftherapie oder Aerosoltherapie, Beatmungsapparate zum Wiederbeleben und andere Apparate und Geräte für Atmungsthera-
		3310 15 630	Transfusionsgeräte (einschließlich Infusionsgeräten)	9018 90 50	pie Transfusionsgeräte, einschließlich Infusionsgeräten
		3310 15 650	Apparate und Geräte für Anästesie	9018 90 60	Apparate und Geräte für Anästhesie
4	Chirurgi-sche Geräte und Systeme, Spritzen, Nadeln und	2442 24 500	Steriles Catgut, ähnliches steriles Nahtmaterial und sterile Klebstoffe für organische Gewebe für chirurgi-sche Zwecke; sterile Laminariastifte und Tampons: sterile resorbierbare blutstillende Einlagen zu	3006 10	Steriles Catgut, ähnliches steriles Nahtmaterial und sterile Klebstoffe für organische Gewebe für chirurgische Zwecke; sterile Laminariastifte und Tampons: sterile resorbierbare blutstillende Einlagen zu chirurgischen

[235] Quelle: Statistisches Bundesamt (Hrsg.) (2002); Statistisches Bundesamt (Hrsg.) (o.J.); Bundesverband Medizintechnologie e.V. (Hrsg.) (BVMed) (2005c), S. I/1 - I/6.

	Katheter u.a. Apparate und Geräte		chirurgischen oder zahnärztlichen Zwecken		oder zahnärztlichen Zwecken
				9018 31	Spritzen, auch mit Nadeln
			Spritzen, auch mit Nadeln	9018 32	Hohlnadeln aus Metall und Operationsnähnadeln
		3310 15 110	Hohlnadeln aus Metall		
		3310 15 130	Operationsnähnadeln	9018 39	Andere Nadeln, Katheter, Kanülen und
		3310 15 150	Katheter, Kanülen u.dgl.		dergleichen
		3310 15 170	Chirurgische Scheren, Zangen,		
		3310 15 795	Nadelhalter u.ä. chirurgische Instrumente		
5	Implantate, Prothesen, orthopädische und audiologische Hilfen	3310 17 350	Künstliche Gelenke	9021 31	Künstliche Gelenke
		3310 17 900	Andere Prothesen und andere Waren der Prothetik	9021 39	Augenprothesen und andere künstliche Körperteile und Organe
		3310 18 500	Herzschrittmacher (ohne Teile und Zubehör)		Herzschrittmacher, ausgenommen Teile und Zubehör
		3310 18 900	Andere Vorrichtungen zum Beheben von Funktionsschäden oder Gebrechen, Teile dafür (einschließlich Teilen und Zubehör für Herzschrittmacher)	9021 50 9021 90 90	Andere Vorrichtungen und Implantate zum Beheben von Funktionsstörungen und Gebrechen
6	Orthopädische Hilfen, Geräte, Vorrichtungen und Fahrzeuge für Gehbehinderte	3310 17 390	Andere Apparate und Vorrichtungen für orthopädische Zwecke oder zum Behandeln von Knochenbrüchen	9021 10	Apparate und Vorrichtungen zu orthopädischen Zwecken oder zum Behandeln von Knochenbrüchen
		3543 11 300	Rollstühle u.a. Fahrzeuge für Kranke und Körperbehinderte - ohne Vorrichtung zur mechanischen Fortbewegung	8713 10	Rollstühle und andere Fahrzeuge für Behinderte, ohne Vorrichtung zur mechanischen Fortbewegung
		3543 11 900	Rollstühle u.a. Fahrzeuge für Kranke und Körperbehinderte - mit Motor oder anderer Vorrichtung zur mechanischen Fortbewegung	8713 90	Andere Rollstühle und andere Fahrzeuge für Behinderte, mit Motor oder anderer Vorrichtung zur mechanischen Fortbewegung
		3543 12 000	Teile und Zubehör für Rollstühle u.a. Fahrzeuge für Kranke und Körperbehinderte	8714 20	Teile und Zubehör für Rollstühle und andere Fahrzeuge für Behinderte
7	Audiologische Geräte und Systeme	3310 18 330 3310 18 390	Schwerhörigengeräte Teile und Zubehör für Schwerhörigengeräte	9021 40 9021 90 10	Schwerhörigengeräte, ausgenommen Teile und Zubehör Teile und Zubehör für Schwerhörigengeräte
8	Ophthalmologische Geräte und Systeme	3310 15 200	Andere augenärztliche Instrumente, Apparate und Geräte	9018 50	Andere augenärztliche Instrumente, Apparate und Geräte
			Kontaktlinsen	9001 30	Kontaktlinsen
		3340 11 300	Einstärkengläser (unifokal), mit Korrektionswirkung, beide Flächen fertig bearbeitet	9001 40	Brillengläser aus Glas
		3340 11 550	Mehrstärkengläser und Progressivgläser (Gleitsichtgläser), mit Korrektionswirkung, beide Flächen fertig bearbeitet	9001 50	Brillengläser aus anderen Stoffen
		3340 11 590			
		3340 11 700	Andere Brillengläser aus Glas oder anderen Stoffen, mit Korrektionswirkung, eine Fläche fertig bearbeitet		
9	Zahnärztliche Materialien, Geräte und Systeme	2442 23 600	Zahnzement und andere Zahnfüllstoffe; Zement zum Wiederherstellen von Knochen	3006 40	Zahnzement und andere Zahnfüllstoffe; Zement zum Wiederherstellen von Knochen
		2466 42 390	Zubereitetes Dentalwachs oder Zahnabdruckmassen in Zusammenstellungen, i.A.E. oder in Tafeln, Stäben oder ähnl. Formen;	3407 00	Modelliermassen, auch zur Unterhaltung für Kinder; zubereitetes „Dentalwachs" und „Zahndruckmassen" in Zusammenstellungen, in Packungen für den Einzelverkauf oder in Tafeln, Hufeisenform, Stäben oder ähnlichen Formen; andere Zubereitungen für zahnärztliche Zwecke
		3310 13 300	andere Zubereitungen für zahnärztliche Zwecke auf der Grundlage von Gips Dentalbohrmaschine, auch mit Sockel und eingebauten anderen zahnärztlichen Ausrüstungen		
				9018 41	Dentalbohrmaschine, auch mit anderen zahnärztlichen Ausrüstungen auf einem gemeinsamen Sockel
		3310 13 505	Zahnärztliche Zangen, Modellier- und Polierinstrumente u.ä. Dentalinstrumente		Andere zahnärztliche Ausrüstungen (z. B. Schleifrädchen, Scheiben, Fräser
		3310 13 509	Andere zahnärztliche Instrumente, Apparate und Geräte, a.n.g.	9018 49	und Bürsten, zur Verwendung in Dentalbohrmaschinen)
		3310 17 530	Künstliche Zähne aus Kunststoff		
		3310 17 550	Künstliche Zähne aus anderen Stoffen	9021 21	Künstliche Zähne
		3310 17 590	Andere Waren der Zahnprothetik	9021 29	Andere Waren der Zahnprothetik
10	Diagnostika und	2442 23 200	Reagenzien zum Bestimmen der Blutgruppen oder Blutfaktoren	3006 20	Reagenzien zum Bestimmen der Blutgruppen oder Blutfaktoren

	Reagenzien	2442 23 400	Röntgenkontrastmittel; diagnostische Reagenzien zur Verwendung am Patienten	3006 30	Röntgenkontrastmittel; diagnostische Reagenzien zur Verwendung am Patienten
		2466 42 100	Zusammengesetzte Diagnostik- oder Laborreagenzien (ohne andere pharmazeutische Erzeugnisse für medizinische oder chirurgische Zwecke)	3822 00	Diagnostik- oder Laborreagenzien auf einem Träger und zubereitete Diagnostik- oder Laborreagenzien, auch auf einem Träger, ausgenommen Waren der Position 3002 oder 3006; zertifizierte Referezmaterialien
11	Verband-materialien	2442 24 101	Rollenpflaster (ohne Windkissen) Pflasterstrips und Wundverbände	3005 10	Heftpflaster und andere Waren mit Klebeschicht
		2442 24 103	mit Wundkissen Pflaster mit medikamentösen	3005 90	Watte und Waren daraus (z. B. Verbandmaterialien) auch mit medikamentösen Stoffen getränkt oder überzogen
		2442 24 105	Wirkstoffen Gewebebinden mit medikamentösen		
		2442 24 301	Stoffen getränkt oder überzogen Gewebebinden nicht mit medikamentösen Stoffen getränkt	3006 50	Taschen und andere Behältnisse mit Apothekenausstattung für erste Hilfe
		2442 24 302	oder überzogen Verbandmaterial aus Mull, Zellstoff, Watte, Vliesstoff		
		442 24 305	Verbandmaterial aus anderen Stoffen, z. B. Hydrogel-		
		2442 24 306	wundauflagen, AlginatSchaumstoff und Folienverbände Haemostalische Verbandstoffe Andere Waren, mit medikamentösen Stoffen getränkt oder überzogen		
		2442 24 308	oder i.A.E. zu medizinischen, chirurgischen, zahnärztlichen oder		
		2442 24 309	tierärztlichen Zwecken (ohne Heftpflaster u.a. Waren mit Klebeschicht)		
		2442 24 700	Taschen und andere Behältnisse mit Apothekenausstattung für Erste Hilfe		
12	Textilien und Produkte aus Kautschuk für den medizinischen Bedarf	1754 31 300	Watte aus Spinnstoffen und Waren daraus; Scherstaub, Knoten und Noppen, aus Spinnstoffen - für medizinischen Bedarf	5601 21 10	Watte aus Spinstoffen und Waren daraus: hydrophil
				5601 22 10	Watterollen mit einem Durchmesser von 8 mm oder weniger
		2513 60 300	Handschue für chirurgische Zwecke aus vulkanisiertem Weichkautschuk	4015 11	Handschue aus Weichkautschuk chirurgische Zwecke
		2513 71 500	Präservative	4014 10	Präservative
		2513 71 900	Andere Waren zu hygienischen oder medizinischen Zwecken aus Weichkautschuk, auch in Verbindung mit Hartkautschukteilen	4014 90 90	Andere Waren zu hygienischen oder medizinischen Zwecken, aus Weichkautschuk, auch in Verbindung mit Hartkautschukteilen

13	Besondere Einrichtungen für Kliniken und Arztpraxen	3310 11 709 3310 20 300 3310 20 500	Andere Teile und Zubehör für Röntgen- und andere radioaktive Strahlungsapparate und -geräte (z. B. Untersuchungs- und Behandlungstische, -sessel u. dgl. für Röntgenapparate u.ä.) Dental-, Friseurstühle u.ä. Stühle und Teile dafür Andere Möbel für die Medizin oder Chirurgie und Teile dafür	9022 90 90 9402 10 9402 90	Andere Teile und Zubehör für Röntgen- und andere radioaktive Strahlungsapparate und -geräte (z. B. Untersuchungs- und Behandlungstische, -sessel u. dgl. für Röntgenapparate u.ä.) Dental-, Friseurstühle und ähnliche Stühle und Teile davon Andere Möbel für die Human-, Zahn-, Tiermedizin oder die Chirurgie
14	Sonstige medizintechnische Geräte und Vorrichtungen	3310 15 333 3310 15 339 3310 15 793 3310 15 799 3310 14 000 3310 16 900	Elektrische Blutdruckmessgeräte Andere Blutdruckmessgeräte Andere Apparate und Geräte, für medizinische und chirurgische Zwecke (ohne Lithotripsie-Geräte, elektromedizinisch und -chirurgisch arbeitend) Andere Apparate und Geräte, für medizinische und chirurgische Zwecke, a.n.g. Sterilisierapparate für medizinische oder chirurgische Zwecke oder für Laboratorien Andere Atmungsapparate und -geräte und Gasmasken (ohne Schutzmasken, ohne mechanische Teile und ohne auswechselbares Filterelement)	90 18 90 10 9018 90 85 8419 20 9020 00	Blutdruckmessgeräte Andere Instrumente, Apparate und Geräte Sterilisierapparate für medizinische oder chirurgische Zwecke oder für Laboratorien Andere Atmungsapparate und -geräte und Gasmasken, ausgenommen Schutzmasken oder mechanische Teile und ohne auswechselbares Filterelement
15	Dienstleistungen	3310 91 000 3310 92 000 3543 90 000	Installation von medizinischen Geräten und orthopädischen Vorrichtungen Reparatur und Instandhaltung von medizinischen Geräten und orthopädischen Vorrichtungen (einschließlich Waren der Zahnprothetik) Reparatur und Instandhaltung von Behindertenfahrzeugen		Nicht vorhanden

124

Anhang 3: Medizintechnik i. e. S. (Diagnostik, Therapie, Spezial-disziplinen)[236]

WZ	Produktbezeichnung nach GP Schlüssel	Instrumente/Geräte für		
		Diagnostik	Therapie	Speziell
33.10.1	3310 11 150 Röntgenapparate und -geräte, CT	X		
	3310 11 350 Apparate/Geräte (Alpha-, Beta-, Gammastrahlen)			X
	3310 11 500 Röntgenröhren			
	3310 11 705 Teile, Zubehör	X		
	3310 11 709 Andere Teile/ Zubehör	X		
	3310 12 101 Elektrokardiographen (Apparate und Geräte)	X		
	3310 12 109 Zubehör für Elektrokardiographen	X		
	3310 12 300 Andere Elektrodiagnoseapparate/-geräte	X		
	3310 12 500 Ultraviolett- oder Infrarotbestrahlungsgeräte		X	
	3310 13 300 Dentalbohrmaschinen			X
	3310 14 000 Sterilisierapparate			X
	3310 15 333 Elektronische Blutdruckmessgeräte	X		
	3310 15 553 Ultraschalltherapiegeräte	X		
	3310 15 559 Andere Apparate und Geräte, für Diathermie	X		
	3310 15 730 Lithotripsie-Geräte mit Ultraschall	X		
	3310 15 793 Andere Apparate und Geräte		X	
	3310 16 533 Elektrische Vibrations-Massagegeräte			X
	3310 18 330 Schwerhörigengeräte			X
	3310 18 390 Teile und Zubehör für Schwerhörigengeräte			X
	3310 18 500 Herzschrittmacher (ohne Teile und Zubehör)		X	
33.10.2	3310 13 505 Zahnärztliche Zangen u.ä.			X
	3310 13 509 Andere zahnärztliche Instrumente			X
	3310 15 110 Spritzen, auch mit Nadeln		X	
	3310 15 130 Hohlnadeln aus Metall		X	
	3310 15 150 Operationsnähnadeln		X	
	3310 15 170 Katheter, Kanülen u.dgl.		X	
	3310 15 200 Andere augenärztliche Instrumente			X
	3310 15 339 Andere Blutdruckmessgeräte	X		
	3310 15 350 Endoskope	X		
	3310 15 530 Künstliche Nieren		X	
	3310 15 630 Transfusionsgeräte (einschl. Infusionsgeräten)		X	
	3310 15 650 Apparate und Geräte für Anästhesie		X	
	3310 15 795 Chirurgische Scheren, Zangen, u.ä.		X	
	3310 15 799 Andere Apparate/Geräte		X	
	3310 16 535 Andere Apparate/Geräte für Mechanotherapie/Psychotechnik			X
	3310 16 550 Beatmungsapparate u.ä.		X	
	3310 16 900 Andere Atmungsapparate und -geräte			X
	3310 20 300 Dental-, Friseurstühle u.ä. Stühle			X
	3310 20 500 Andere Möbel für die Medizin oder Chirurgie			X
	3310 91 000 Installation med. Geräte/ orthop. Vorrichtungen			X
	3310 92 000 Reparatur/ Instandhaltung			X
33.10.3				X
33.10.4				X

---

[236] Quelle: Eigene Darstellung.

Anhang 4: Ausgewählte bildgebende Verfahren im Vergleich[237]

	Endoskop	Röntgenapparat	Nukleargerät	Ultraschall	CT	MRT
Anwender	Arzt	MTA, Arzt	MTA, Arzt	Arzt	MTA, Arzt	Arzt
Gerätekosten	Niedrig	Hoch	Hoch	Niedrig	Hoch	Sehr hoch
Invasivität	Invasiv	Nichtinvasiv	Nichtinvasiv	Nichtinvasiv	Nichtinvasiv	Nichtinvasiv
Belastung	Nicht-ionisierend	Ionisierend	Ionisierend	Nicht-ionisierend	Ionisierend	Nicht-ionisierend
Bildaufbau	Statische und bewegliche Bilder	Statische Bilder	Statische und bewegliche Bilder	Bewegliche Bilder, Realtime	Bewegliche Bilder	Statische und bewegliche Bilder
Bildart	Schnittbild	Summationsbild	Summationsbild, Schnittbild (ECT)	Schnittbild	Schnittbild	Schnittbild
Stärken	Luftgefüllte Organe	Knöcherne Strukturen, luftgefüllte Organe	Funktionsanalyse des gesamten Körpers	Weichteile, Flüssigkeiten	Knöcherne Strukturen, luftgefüllte Organe	Gesamter Körper
Probleme	Flüssigkeiten behindern	Flüssigkeiten behindern	Differentialdiagnostik	Knöcherne Strukturen, luftgefüllte Organe	Flüssigkeiten behindern	Hoher zeitlicher Aufwand

Anhang 5: Historische Meilensteine der Medizintechnik und ihres Marktes[238]

Jahr	Historische Meilensteine
~2800 v. Chr.	Im ältesten bekannten Chirurgiebuch "Papyrus Edwin Smith" wird der Beginn der Hitzechirurgie dokumentiert.
~2500 v. Chr.	In der fernöstlichen Medizin wird die Akupunkturnadel verwendet.
~460-377 v. Chr.	Beschreibung verschiedener Pulsqualitäten von Hippokrates von Kos, dem Begründer der abendländischen wissenschaftlichen Medizin. Als bedeutender Arzt seiner Zeit nutzt er bereits ein "Proktoskop" zur Darminspektion, setzt zur Öffnung suprapubischer Abszesse einen sogenannten Feuerbohrer (glühenden Holzstab) ein und erwähnt bereits die Inhalationsnarkose.
~63 v. Chr.	Bereits im Imperium Romanum wurden, wie archäologische Ausgrabungen im verschütteten Pompeji belegen, differenzierte Instrumente und Geräte für chirurgische Eingriffe verwendet.
1530	Philippus Aureolus Theophrastus Paracelsus beatmet erstmals eine Patientin mit einem Blasebalg.
1628	Beobachtung und Erstbeschreibung der Blutzirkulation im menschlichen Organismus durch William Harvey.
1656	Erste Infusionsversuche an Tieren durch Wren.
1666	Erste Transfusion am Tier durch Richard Lower.
1733	Hale führt bei einem Pferd die direkte Blutdruckmessung mit einem Glasrohr durch.
1761	Leopold Auenbrugger beschreibt erstmals die Perkussion. John Fothergill benutzt einen Blasebalg in Kombination mit einem biegsamen Metallrohr, das er in die Trachea zur Atemgasversorgung einführt; J. Priestley entdeckt den Sauerstoff.
1795	Phillipe Bozzini beschreibt einen Beleuchtungsapparat, mit dessen Hilfe Körperhöhlen beim Menschen einzusehen sind.

---

[237] Quelle: Eigene Darstellung in Anlehnung an Köstering, B., Jost-Köstering, S., Dudwiesus, H. (2002), S. 157.

[238] Quelle: Eigene Darstellung nach Kramme, Rüdiger (2004), S. 615-638.

1805	Erstes Instrument (Lichtquelle, bestehend aus einer Kerze, deren Licht durch mehrere Spiegel reflektiert wird) von Phillipe Bozzini, um in die Blase und das Rektum hineinschauen zu können.
1816	R. Laennec erfindet das Stethoskop.
1819	Theophile-Rene-Hyacinthe Laennec konstruiert ein Stethoskop, das nur für ein Ohr konzipiert ist.
1842	Johann Christian Doppler untersucht die Frequenzänderung von Schall- und Lichtwellen. Er entdeckt den nach ihm benannten Doppler-Effekt. Crawford Williamson Long wendet erstmals eine Äthernarkose an.
1845	Nachweis des Doppler-Effekts durch Ch. Buys-Ballot.
1846	Erstes Inhalationsnarkosegerät, das aus einem kugelförmigen Verdampfer-Gefäß mit einem Schwamm besteht, wird von W. Th. Morton entwickelt. Erste erfolgreiche öffentliche Äthernarkose.
1847	Entwicklung eines Kymographen von C. F. Ludwig zur Registrierung des arteriellen Drucks.
1848	Manuel Garcia, Entwickler des Kehlkopfspiegels, demonstriert seine Methode in London.
1850	Hermann von Helmholtz erfindet das Ophthalmoskop (Augenspiegel). Steinheil et al verwenden erstmalig elektrischen Strom zur Hitzeerzeugung und begründen die sogenannte Galvanokaustik.
1860	Entwicklung eines Trommelschreibers von Marey zur Registrierung von Druck, Atembewegungen und Herzkontraktionen. Chauveau und Marey entwickeln einen Projektionskymographen. J. Lister: Durchführung von Operationen mit Silberdraht zur Fixation von gebrochenen Kniescheiben.
1865	Desormeaux beschreibt erstmals ein Cystoskop.
1867	Bruck entwickelt die erste interne Lichtquelle (Platin-Elektrode) für die Endoskopie.
1868	Erste Ansätze eines Monitoring i.S. einer Langzeitbeobachtung physiologischer Parameter von Wunderlich. Erste endoskopische Gastroskopie durch Adolf Kussmaul. John Bevan entwickelt das Ösophagoskop. Damit ist erstmals eine Fremdkörper-Extraktion unter endoskopischer Kontrolle möglich.
1869	Erster Aufzeichnungsversuch eines menschlichen EKGs in London mit einem Thomson Siphon Recorder von A. Muirhead. Friedrich Trendelenburg führt die erste Intubationsnarkose über eine Tracheotomie durch.
1872	Gabriel Lippmann erfindet einen "haarfeinen" Elektrometer. Mikroskoptheorie von Ernst Abbe.
1875	Caton beschreibt Gehirnwellen bei Tieren im "British Medical Journal".
1876	Eugene Woillez erfindet das Differentialdruckverfahren und baut den ersten Baro-Respirator (sog. "Eiserne Lunge"), den er Spirophore nennt.
1877	J. T. Clover entwickelt ein Inhalationsnarkosegerät mit Dosiermöglichkeit des zugeführten Ätherdampfes. Max Nitze entwickelt die Zystoskopie.
1879	Erster Einsatz eines Ambulanzfahrzeugs bei einer militärischen Auseinandersetzung zwischen der Schweiz und Frankreich. Max Nitze führt starre teleskopische Instrumente ein.
1880	Mit einem Galvanometer (mit im Magnetfeld bewegter Kohle) versuchen M. Depres und D'Arsonval elektrische Ströme von der Körperoberfläche abzuleiten. Gebrüder Curie entdecken den piezoelektrischen Effekt. Die Brüder Jacques und Pierre Curie entdecken, dass Quarze bei Volumenänderungen Schallwellen induzieren (piezoelektrischer Effekt).
1883	Mickulicz vollzieht die erste erfolgreiche Gastroskopie. Wissenschaftliche Abhandlung von Albert Eulenburg, Neurologe über hydrogalvanische Bäder.
1885	Max von Frey und Max Gruber entwickeln den ersten Vorreiter heutiger Herz-Lungen-Maschinen.
1887	Ernst Abbe fertigt die ersten "Contactbrillen" (Kontaktlinsen). Augustus Waller stellt fest, dass die elektrische Aktivität des Herzens von der Körperoberfläche abgeleitet werden kann. Mit einem Kapillar-Elektrometer gelingt es ihm als Ersten, ein menschliches "Kardiogramm" mit präkordialer Ableitung zu registrieren. Entdeckung des Photoeffektes durch Heinrich Hertz.
1892	A. E. Blondel registriert mit einem Oszillographen elektrische Herzaktivitäten.
1893	W. A. Lane entwickelt Stahlschrauben und -platten für die Knochenbruchbehandlung. Erste Phonokardiogramme werden von K. Huerthle aufgenommen. Stewart versucht durch Indikatoren Herzminutenvolumen und Kreislaufzeiten zu bestimmen. Frederick William Hewitt stellt einen Narkoseapparat mit einem Gemisch aus Sauerstoff und Lachgas vor.
1895	Howard Kelly entwickelt das Rektoskop. Braun entwickelt die Braunsche Röhre (Kathodenstrahloszillograph). A. Eulenburg beschreibt als Erster das Kollodium, das erste Membranmaterial für die Hämodialyse.
1896	C. H. F. Müller entwickelt die Röntgenröhre.
1897	Mit einem Saitengalvanometer (Galvanometer mit im Magnetfeld bewegter Kohle) untersucht C. Adler die elektrischen Aktivitäten des Herzens. Erste Entfernung eines Bronchialfremdkörpers mit starrem, beleuchteten Rohr durch Killian.
1898	Lange entwickelt die ersten flexiblen Instrumente für die Endoskopie.
1900	Hörrohre, -schläuche und Spazierstöcke aus verschiedenen Materialien werden angeboten. Paul Villard entdeckt die Gamma-Strahlung. T. Sjögren und B. Stenbeck geben die Heilung eines Hautkarzinoms durch Röntgenstrahlen bekannt. Erste umfassende Arbeiten zur Entzündungsbestrahlung durch T. Sjögren und Sederholm.

1901	Die Wallersche präkordiale Ableitmethode wird von Willem Einthoven standardisiert. Er prägt den Begriff Elektrokardiogramm (EKG) und führt 1903 die EKG-Nomenklatur ein. Weiterhin entwickelt er ein Saitengalvanometer (300 kg schwer) mit im Magnetfeld bewegtem Quarzfaden und damit ein Instrument mit hoher Messempfindlichkeit. Igelsrud entwickelt die elektrische Defibrillation. Max Planck führt das nach ihm benannte Plancksche Wirkungsquantum in die Theorie der elektromagnetischen Strahlung ein.
1902	Chromoradiometer von Guido Holzknecht (Farbumschlag bei Bestrahlung von Bariumtetrazyanoplatinat) zur Messung von Röntgenstrahlen. Eine diagnostische Inspektion mit starrem Endoskop wird erstmals von Kelling beschrieben. Senn und Pusey stellen mit der Bestrahlung von Lymphknoten bei Systemerkrankungen die Tiefenwirkung von Röntgenstrahlen fest. Strahlenschutz durch Abschirmung von Röntgenstrahlen auf Empfehlung von W. Rollins.
1908	Clunet erkennt die krebserzeugende Wirkung von Röntgenstrahlen. Breite klinische Anwendung mit einer verbesserten Version des Saitengalvanometers (Elektrokardiograph) zur EKG-Registrierung.
1909	Röntgendiagnostik: Holzknecht und Jonas berichten über die klassischen Zeichen des Magenkarzinoms.
1911	Sir Ernest Rutherford konzipiert die Existenz des Atomkerns mit Masse und Ladung.
1913	Entwicklung der Hochvakuumröhre mit Glühkathode durch W. D. Coolidge. Entwicklung der beweglichen Streustrahlenblende von G. Bucky. Methode der Pendelbestrahlung durch Hans Meyer. Christen definiert erstmals den Begriff der Strahlendosis und unterscheidet bereits zwischen physikalischer Dosis und biologischer Wirkung. Georg Charles von Hevesky, Nobelpreis 1943, entwickelt das radioaktive Tracer-Prinzip. Entdeckung der ersten Isotope Ne-20 und Ne-22 durch J. J. Thomson. Einführung des Begriffs Isotop von Frederick Soddy. Niels Hendrick David Bohr verbindet das Rutherfordsche Atommodell mit Plancks Quantentheorie. Sein quantitatives Modell bringt erstmalig Ordnung in die Vielzahl von Spektrallinien; sie sind danach die emittierten oder absorbierten Energiedifferenzen zwischen verschiedenen Elektronenbahnen in der Atomhülle.
1918	Paul Langevin schafft die Grundlage der Ultraschalltherapie und nutzt erstmals ein Ultraschallgerät zu kommerziellen Zwecken.
1919	Francis Aston entwickelt das Massenspektrometer. Sir Ernest Rutherford entdeckt die Kernumwandlung mit natürlichen Alpha-Strahlen.
1920	Guedel entwickelt ein Schema zur Bestimmung der Narkosetiefe. Rettungs-/Notfallmedizin: Erstmals werden Flugzeuge in den USA zur Evakuierung von verletzten Soldaten eingesetzt. Augenrefraktometer werden serienmäßig gefertigt.
1924	Hans Berger, Begründer des Elektroenzephalogramms (EEG), leitet erstmals von einer menschlichen Großhirnrinde elektrische Potentiale ab.
1925	Erstes Narkosegerät mit Kohlensäure-Absorber und Kreissystem (Dräger).
1927	"Künstlicher" Schrittmacher von Hyman. Erste zerebrale Angiographie: E. Moniz und A. Lima stellen die Hirngefäße mit Kontrastmittel dar (Karotisangiographie). Kleinschmidt entwickelt die Mammographie. Erste umfassende Kreislaufstudien von Hermann Blumgart und Otto C. Yens. Muller begründet die Strahlengenetik durch Versuche an Drosophila-Fliegen. Erste biologische Anwendung von Ultraschall durch R. W. Wood und A. L. Loomis.
1928	Hans Geiger und Walther Müller erfinden das Geiger-Müller-Zählrohr, ein Instrument zum Nachweis von Strahlung
1929	Ernest Lawrence konzipiert für die Ionenstrahltherapie Ringbeschleuniger, mit denen sich geladene Teilchen auf die nötigen hohen Energien bringen lassen. Radon schafft die mathematischen Voraussetzungen für die spätere Computertomographie.
1930	Bouwers entwickelt die Drehanodenröhre.
1932	Carl Anderson weist Positronen nach.
1934	Frederic Joliot und Irene Joliot Curie entdecken die künstliche Radioaktivität.
1937	Dessauer setzt sich für die Rotationsbestrahlung ein.
1942	Beginn der Ultraschall-Anwendung in der Medizin: Die Nutzung von Ultraschallwellen in der medizinischen Diagnostik wird erstmals von Karl T. Iussik am Gehirn zur Darstellung der Ventrikel im Durchschallungsverfahren (sog. Hyperphonographie) angewendet. E. Goldberger registriert ein EKG mit unipolar verstärkten (augmentierten) Extremitätenableitungen.
1944	Alois E. Kornmüller führt das klinische EEG in Göttingen und Berlin ein.
1945	Werner Forssmann veröffentlicht die erste Druckkurve aus der Arteria pulmonalis.
1946	Das NMR-Prinzip wurde unabhängig von Purcell und Block (Nobelpreis 1952) voneinander entdeckt. Anschließende Entwicklung von spektroskopischen NMR-Methoden.
1947	Moore führt die Hirnszintigraphie ein.
1953	Erstmals erfolgreicher Einsatz einer Herz-Lungen-Maschine am Menschen durch John H. Gibbon. Die Röntgendurchleuchtung wird durch die Bildverstärkerröhre wesentlich verbessert.
1954	Gordan entwickelt eine koordinatengesteuerte 2D-Schallkopfmechanik, die eine geometriegerechte Darstellung von Organen ermöglicht. Erste Multi-Detektor-Gamma-Retina-Kamera von Arthur W. Fuchs et al.
1957	Erstmals wird der Doppler-Effekt für die medizinische Diagnostik genutzt: Satomura und Franklin berichten über eine Messung der Blutströmungsgeschwindigkeit.
1958	Hirschowitz stellt das erste vollflexible, steuerbare Gastroskop vor. Donald und Brown führen die 2D-Ultraschalldiagnostik in Geburtshilfe, Gynäkologie und Innerer Medizin ein.

1960	Theodore H. Maiman gelingt es erstmals, Einsteins Theorie mit sichtbarem Licht (von 1917) nachzuweisen. Er konstruiert das erste Lasersystem (Festkörper-(Rubin)laser) und prägt zudem das Akronym LASER (light amplification by stimulated emission of radiation). Implantierte W. Chardack und Greatbatch den ersten volltransistorischen Herzschrittmacher mit Zink-Quecksilber-Batterien.
1963	Einführung der SPECT (single-photons-emission-computer-tomography) von David E. Kuhl und Roy Q. Edwards.
1964	Entwicklung einer nichtoperativen Behandlung arterieller Gefäßverschlüsse durch eine mechanische Erweiterung des Gefäßlumens durch C. T. Dotter. David E. Kuhl veröffentlicht die ersten transversalen Schnittbilder mit einem Mark II.
1965	Krause und Soldner entwickeln das Echtzeitverfahren beim Ultraschall.
1967	Einführung des Pulmocath-Mikrokatheters in die chirurgische Intensivmedizin durch Grandjean.
1968	Godfrey Newbold Hounsfield entwickelt ein Verfahren zur direkten Darstellung von Weichteilstrukturen des Körpers mit Hilfe von Röntgenstrahlen und konstruiert den ersten Computertomographen. Einführung von sog. Stablinsen nach Hopkins in Endoskopen.
1970	Erste klinische CT-Anwendung durch Godfrey Newbold Hounsfield und James Ambrose. Erste Computerauswertung des EKGs. Erstes Glasfaserkabel.
1971	Godfrey Newbold Hounsfield stellt den ersten Transmission-CT-Schädelscanner (EMI, Mark I) vor. Erste klinische MRT-Anwendung u.a. an Hirntumoren bei Ratten. Marcian E. Hoff Jr. entwickelt den ersten Mikroprozessor (Intel).
1973	Paul C. Lauterbur entwickelt die Magnetresonanztomographie (MRT) zu einem bildgebenden Verfahren. Verordnung über den Schutz vor Schäden durch Röntgenstrahlen (RÖV Röntgenverordnung).
1974	Erster serienmäßiger CT-Körperscanner der zweiten Generation. Erster CT-Ganzkörperscanner (ACTA). Dritte CT-Scanner-Generation.
1979	Kommerzielle Produktion von PET-Systemen.
1983	Erstes MR-Ganzkörpersystem. Erstes Elektronenstrahl-CT (EBCT).
1986	Beginnt die Aera der video-unterstützten Chirurgie durch Einführung der Computer-Chip-Video-Kamera. Erster frequenzadaptiver Herzschrittmacher.
1987	Erste räumliche Ultraschall-Darstellungen mit eigens dafür konstruierten Schallköpfen. Erste Stentanwendung bei Beckenarterienstenosen von J. Palmaz.
1989	Vorstellung des ersten Spiral-CTs von W. A. Kalender.
1990	Wickham prägt den Begriff der minimalinvasiven Chirurgie. Miacheal E. Phelps führt den Ganzkörper-PET ein.
1991	Tissue-Engineering, eine Methode zur Züchtung von Organgewebe, etabliert sich.
1994	Einführung neuer Detektoren für SPECT und PET (LSO,TSO) von Thomas F. Budinger.
1995	Erster chirurgischer OP-Roboter wird bei Hüftgelenksersatz eingesetzt. Echtzeitrekonstruktion bei der CT-Durchleuchtung.
1998	Einführung der Multislice-CT in die Routine.
1999	Einführung der virtuellen Endoskopie mit der Elektronenstrahl-Computertomographie (EBCT).
2000	Mehrere Arten von chirurgischen Robotersystemen sind im klinischen Einsatz.
2002	Neufassung der Röntgenverordnung.

Anhang 6: Betriebe, Beschäftigte und Umsatz der Medizintechnik i. e. S. 1995-2004[239]

Wirtschaftgliederung	Jahre	Betriebe gesamt	MA gesamt	Umsatz			Export-quote
				Umsatz Inland	Umsatz Ausland	Umsatz gesamt	
33.10 H. v. med. Geräten u. orthopädischen Vorrichtungen	1995	1.205	8.8341	5.340	3.343	8.665	38,6
	1996	1.209	8.5815	5.571	3.642	9.202	39,6
	1997	1.197	8.5739	5.748	3.973	9.721	40,9
	1998	1.213	8.3148	5.708	4.714	10.422	45,2
	1999	1.138	7.9794	5.452	4.494	9.946	45,2
	2000	1.053	7.8287	5.526	4.957	10.483	47,3
	2001	1.058	8.2215	5.981	5.955	11.936	49,9
	2002	1.098	8.6081	6.083	6.856	12.939	53
	2003	1.094	8.8546	6.314	7.243	13.557	53,4
	2004	1.140	9.1827	6.108	8.456	14.564	58,1
33.10.1 H. v. elektromedizinischen Geräten u. Instrumenten	1995	144	2.2047	1.276	1.867	3.146	59,3
	1996	125	1.9761	1.266	2.030	3.300	61,5
	1997	116	1.8200	1.434	1.525	2.959	51,6
	1998	112	1.7865	1.632	1.939	3.572	54,3
	1999	109	1.6517	1.384	1.583	2.967	53,4
	2000	101	1.6533	1.428	1.876	3.304	56,8
	2001	96	1.7095	1.471	2.356	3.827	61,6
	2002	98	1.7601	1.500	2.851	4.350	65,5
	2003	95	1.8863	1.493	3.100	4.593	67,5
	2004	92	1.9921	1.246	3.320	4.566	72,7
33.10.2 H. v. medizin-technischen Geräten	1995	671	5.1424	3.212	1.354	4.564	29,7
	1996	630	4.9254	3.354	1.471	4.823	30,5
	1997	559	4.8033	3.219	2.301	5.521	41,7
	1998	360	3.7872	2.784	2.545	5.329	47,8
	1999	323	3.7196	2.674	2.634	5.307	49,6
	2000	314	3.5824	2.566	2.744	5.310	51,7
	2001	307	3.7580	2.799	3.188	5.987	53,2
	2002	324	4.0391	2.933	3.561	6.493	54,8
	2003	324	4.0888	2.994	3.632	6.626	54,8
	2004	308	4.0639	2.893	4.412	7.305	60,4
33.10.3 H. v. orthopädischen Vorrichtungen	1995	131	6.991	514	110	624	17,7
	1996	139	6.629	493	102	593	17,3
	1997	145	6.807	494	109	603	18,1
	1998	165	7.975	566	151	718	21,1
	1999	171	8.890	637	200	837	23,9
	2000	173	9.652	714	230	945	24,4
	2001	169	9.667	734	288	1022	28,2
	2002	174	10.396	809	360	1169	30,8
	2003	182	11.276	953	420	1372	30,6
	2004	205	12.380	958	614	1572	39,1

---

[239] Quelle: Eigene Darstellung nach Hornschild, K., Wilkens, M. (2004), S. 273.

Wirtschaftgliederung	Jahre	Betriebe gesamt	MA gesamt	Umsatz			Export-quote
	1995	99	3.409	164	11	177	6,5
	1996	227	7.888	349	38	399	9,4
	1997	378	12.700	601	38	639	5,9
	1998	575	19.435	725	78	804	9,8
33.10.4 Zahntechnische Laboratorien	1999	535	17.192	757	78	835	9,3
	2000	465	16.279	818	106	924	11,5
	2001	486	17873	976	123	1099	11,2
	2002	503	17692	842	84	926	9,1
	2003	493	17519	874	92	966	9,5
	2004	535	19787	1010	110	1120	9,8

Anhang 7: Exporte der Medizintechnik i. w. S. im Zeitraum 1996-2004 nach Produktgruppen[240]

Melde-nummer	Warenverzeichnis der Außenhandelsstatistik	Export nach Hauptgruppen [Mio €]									
		1996	1997	1998	1999	2000	2001	2002	2003	2004	96/04
	Röntgen- und Strahlen-therapiegeräte	845	860	948	793	963	1216	1335	1402	1583	8,9
902212	Apparate für die Compu-tertomografie	215,9	244,5	217,8	163	282,7	311,4	424	486,1	534,9	13,6
9022 13	Andere Röntgenapparate für zahnärztliche Zwecke	24	19,3	23,1	21,3	21,1	33,9	34,4	39,3	49,3	11
9022 14	Andere Röntgenapparate für medizinische, chirurgische oder tierärztliche Zwecke	442,4	438,6	533,9	450,5	469,4	679,2	705,1	653,3	738	7,3
9022 21	Apparate und Geräte, die Alpha-, Beta- oder Gammastrahlen verwenden, für medizinische, chirurgische, zahnärztliche oder tierärztliche Zwecke	6,9	8,7	10,3	19,4	16,9	22,5	4,3	8,4	15,3	2,5
9022 30	Röntgenröhren	145,1	141,9	157,6	127,4	161,5	161,1	161,2	203,1	234,8	5,6
90229010	Röntgenschirme, einschließlich Verstärkerfolien; Streustrahlenraster und andere, einschließlich Teile und Zubehör	10,5	6,8	5,2	11,3	11,2	7,3	6,5	11,5	11,2	3,1
	Andere Elektrodiag-nosesysteme	**841**	**905**	**1181**	**1209**	**1310**	**1641**	**1947**	**1995**	**2000**	**12,6**
9018 11	Elektrokardiografen	130,1	97,9	84,3	101	70,5	91,5	90,9	74,8	70,2	-5,2
9018 12	Ultraschalldiagnosegeräte	72,3	106,2	149,7	164	206,4	269,9	284,8	322,4	296,4	19,6
9018 13	Magnetresonanzgeräte	231,9	227,2	410,3	380	415,3	530,1	771,8	669,8	699,9	16,7
9018 14	Szintigrafiegeräte	5,5	6,6	53,8	9,8	12,6	24,6	26,3	15,9	24,8	14,6
9018 19 10	Überwachungsapparate und -geräte zur gleichzeitigen Überwachung von zwei oder mehr Parametern										
9018 19 90	andere Elektrodiagnoseapparate und -geräte										
9018 90 20	Endoskope	230,3	257,7	271,9	303,7	356,9	383,8	390,3	404,4	434,4	8,4
	Therapiesysteme	**498**	**621**	**672**	**802**	**824**	**1027**	**967**	**914**	**972**	**8,3**
9018 20	Ultraviolett- oder Infra-rotbestrahlungsgeräte	9,5	10,8	10,1	11,7	13,9	13,9	10,7	9,2	11,1	0,8
9018 90 30	künstliche Nieren	181	249,1	238,1	323	309	404,6	313,3	291	289,2	5,3
9018 90 41	Ultraschalltherapiegeräte	3,9	3,6	5,2	3,1	3,2	4,9	13	3,8	3,5	3,5
9018 90 49	andere Apparate und Geräte für Diathermie	13,4	16	15,1	13	22,3	19,7	23	19,3	24,4	7,2
9018 90 70	Ultraschall-Lithoklaste	0,9	2,6	15	18,3	13,4	16	15,3	13,9	10,4	27,8
9018 90 75	Apparate und Geräte zur Nervenreizung	2,1	2,3	4	5,1	4,9	6,1	6,7	7,8	6,2	16,5
9019 10 90	Andere Apparate und Geräte für Mechanotherapie; Massageapparate und -geräte; Apparate und Geräte für Psycho-technik	24,1	24,2	28,4	29,6	32,4	40,5	39,5	40,6	45,5	8,8
9019 10 10	elektrische Vibrations-massagegeräte	15,5	15,9	13	15,4	19,9	23	31	37,6	39,1	15,1
9019 20	Apparate und Geräte für Ozontherapie, Sauerstofftherapie oder Aerosoltherapie, Beatmungsapparate zum Wiederbeleben und andere Apparate und Geräte für At-mungstherapie	94,8	112,6	140,4	165,7	173,8	222,2	218,7	207,4	207,7	10,8

---

[240] Quelle: Eigene Darstellung in Anlehnung an Hornschild, Kurt, Wilkens, Markus (2004), S. 287-289.

Code	Bezeichnung										
9018 90 50	Transfusionsgeräte, einschließlich Infusionsgeräten	91,6	111,8	122,6	135,6	148,6	186,3	213,9	211,3	201,8	11,4
9018 90 60	Apparate und Geräte für Anästhesie	61,5	72,2	79,8	81,7	83	90,1	81,8	72,3	132,8	5,5
	Chirurgische Geräte und Systeme, Spritzen, Nadeln und Katheter u.a. Apparate und Geräte a. n. g.	**334**	**341**	**395**	**427**	**480**	**544**	**598**	**615**	**745**	**10,6**
3006 10	Steriles Catgut, ähnliches steriles Nahtmaterial und sterile Klebstoffe für organische Gewebe für chirurgische Zwecke; sterile Laminariastifte und Tampons: sterile resorbierbare blutstillende Einlagen zu chirurgischen oder zahnärztlichen Zwecken	106,6	105,9	121,1	121,7	125,9	150,7	145,5	157,8	246,6	8,9
9018 31	Spritzen, auch mit Nadeln	57,9	60	67,1	66,8	99,2	117	137,6	149,6	166,1	16,1
9018 32	Hohlnadeln aus Metall und Operationsnähnadeln	31,4	31,6	29,2	31,2	32,4	39,1	39,5	39,8	48,2	5,5
9018 39	Andere Nadeln, Katheter, Kanülen und dergleichen	137,7	143,3	177,4	207,6	222,5	237,4	275	268,1	284,2	10,1
	Implantate, Prothesen und audiologische Hilfen	**264**	**294**	**327**	**396**	**400**	**452**	**642**	**709**	**780**	**15,2**
9021 31	Künstliche Gelenke	51,4	62,4	76,2	100,2	50,8	48,2	179,5	237,6	243,3	20,5
9021 39	Augenprothesen und andere künstliche Körperteile und Organe	102,8	112,8	122,8	126,1	134,2	138,3	168,2	188,6	262,1	10,5
9021 50	Herzschrittmacher, ausgenommen Teile und Zubehör	71,4	75,9	81,6	93,5	115	137,4	143,9	132,5	103,6	8,1
9021 90 90	Andere Vorrichtungen und Implantate zum Beheben von Funktionsstörungen und Gebrechen	38,1	42,6	46,3	76,1	99,7	128,1	150,7	150,5	170,7	23,5
	Orthopädische Hilfen, Geräte, Vorrichtungen und Fahrzeuge für Gehbehinderte	**148**	**163**	**192**	**206**	**225**	**263**	**310**	**315**	**340**	**11,4**
9021 10	Apparate und Vorrichtungen zu orthopädischen Zwecken oder zum Behandeln von Knochenbrüchen	99,7	111,2	130,7	144,6	151,5	180	199,9	201,8	249,1	11,5
8713 10	Rollstühle und andere Fahrzeuge für Behinderte, ohne Vorrichtung zur mechanischen Fortbewegung	18,4	18,8	22,2	19,8	23,3	27,2	36,2	53,3	31,6	11,6
8713 90	Andere Rollstühle und andere Fahrzeuge für Behinderte, mit Motor oder anderer Vorrichtung zur mechanischen Fortbewegung	14,5	16,6	19,9	20,5	24	24,7	43,2	31,7	32,3	12,2
8714 20	Teile und Zubehör für Rollstühle uns andere Fahrzeuge für Behinderte	15,7	16,1	19,5	23,2	26,7	31,2	30,6	28,2	26,9	8,8
	Audiologische Geräte und Systeme	**39,9**	**44**	**50,6**	**49,8**	**67,1**	**64**	**70,4**	**79,2**	**103**	**11,4**
9021 40	Schwerhörigengeräte, ausgenommen Teile und Zubehör	30,8	36,7	43,1	41,4	57,4	52,7	60,4	69,5	89,6	12,6
9021 90 10	Teile und Zubehör für Schwerhörigengeräte	9,1	7,3	7,4	8,4	9,8	11,3	10	9,7	13,7	5,8
	Opthalmologische Geräte und Systeme	**271**	**312**	**323**	**382**	**505**	**593**	**649**	**602**	**754**	**14,1**
9018 50	andere augenärztliche Instrumente, Apparate und Geräte	80,7	94,4	100,6	134,6	206,6	252,1	257,7	233,9	259,7	18
9001 30	Kontaktlinsen	51,2	54,4	61,3	71,7	92,8	128,3	177,5	182,6	289,8	24,8
9001 40	Brillengläser aus Glas	63,7	70,1	60,8	61,2	65,2	56,6	46,6	35,5	36	-7,9
9001 50	Brillengläser aus anderen Stoffen	75,8	93,1	99,7	114	140,6	157,4	166,7	149,5	169	10,5

	484	532	585	603	715	794	871	944	979	9,8
Zahnärztliche Materialien, Geräte und Systeme	484	532	585	603	715	794	871	944	979	9,8
3006 40 Zahnzement und andere Zahnfüllstoffe; Zement zum Wiederherstellen von Knochen	105,5	108,5	118,8	142	168,7	173,5	188,6	206,8	203	9,9
3407 00 Modelliermassen, auch zur Unterhaltung für Kinder; zubereitetes „Dentalwachs" oder „Zahnabdruckmassen" in Zusammenstellungen, in Packungen für den Einzelverkauf oder in Tafeln, Hufeisenform, Stäben oder ähnlichen Formen; andere Zubereitungen für zahnärztliche Zwecke	61,2	73,3	74,5	75	81,8	88,2	85,2	88,6	84,5	3,9
9018 41 Dentalbohrmaschine, auch mit anderen zahnärztlichen Ausrüstungen auf einem gemeinsamen Sockel	102,6	117,1	122,5	43,3	40,1	48,6	53,1	47,8	44,9	-11,8
9018 49 Andere zahnärztliche Ausrüstungen (z. B. Schleifrädchen, Scheiben, Fräser und Bürsten, zur Verwendung in Dentalbohrmaschinen)	187,7	199,9	238	312,3	390	438,1	497,3	550,4	585,9	17
9021 21 Künstliche Zähne	15,9	18,7	16,4	16,7	15,6	22	19,1	24,6	27,2	6,1
9021 29 Andere Waren der Zahnprothetik	11,5	14	14,3	13,8	19	23,8	27,6	25,8	33,9	14,3
Diagnostika und Reagenzien	973	1033	1054	1285	1502	1527	1661	1609	1731	8,2
3006 20 Reagenzien zum Bestimmen der Blutgruppen oder Blutfaktoren	21,7	20,8	23,5	23,6	19,5	20,9	22,8	19,3	19,4	-1,4
3006 30 Röntgenkontrastmittel; diagnostische Reagenzien zur Verwendung am Patienten	431,2	441,5	423,7	529,5	566,9	594,9	569,5	481,4	510,4	2,8
3822 00 Diagnostik- oder Laborreagenzien auf einem Träger und zubereitete Diagnostik- oder Laborreagenzien, auch auf einem Träger, ausgenommen Waren der Position 3002 oder 3006; zertifizierte Referezmaterialien	519,6	570,3	606,3	731,4	915,7	911	1068	1109	1202	11,8
Verbandmaterialien	198	220	242	253	280	295	325	299	279	5,2
3005 10 Heftpflaster und andere Waren mit Klebeschicht	107,7	124,7	142,2	145,2	153,9	162,7	187,2	159,4	134	3,9
3005 90 Watte und Waren daraus (z. B. Verbandmaterialien) auch mit medikamentösen Stoffen getränkt oder überzogen	85,6	88,7	95	103,4	120,8	125,7	131,1	131,1	136	6,7
3006 50 Taschen und andere Behältnisse mit Apothekenausstattung für erste Hilfe	4,8	6,6	4,6	4,2	5,6	6,1	6,7	8,1	9,3	7,5
Textilien und Produkte aus Kautschuk für den med. Bedarf	56,9	51,2	56,8	63,7	56	64,1	81,5	101	88,2	7,8
5601 21 10 Watte aus Spinstoffen und Waren daraus: hydrophil	8,3	6,3	7,2	11,6	6,4	11	11,3	11,2	12	7
5601 22 10 Watterollen mit einem Durchmesser von 8 mm oder weniger	13,2	11,6	16,1	18,2	18,6	19,5	21,8	28,2	22	9,4
4015 11 Handschuhe aus Weichkautschuk chirurgische Zwecke	19,3	13,9	16	12,2	8,3	10	15,1	19,5	18	0,7
4014 10 Präservative	5,5	5,5	5,4	6,8	7,8	8,9	13,4	16,4	13,7	16,2
4014 90 90 Andere Waren zu hygienischen oder medizinischen Zwecken, aus Weichkautschuk, auch in Verbindung mit Hartkautschukteilen	10,7	13,9	12	14,9	14,9	14,7	20	25,8	22,4	10,2
Besondere Einrichtungen für Kliniken und Arztpraxen	619	682	584	540	659	735	813	849	820	

9022 90 90	Andere Teile und Zubehör für Röntgen- und andere radioaktive Strahlungsapparate und -geräte (z. B. Untersuchungs- und Behandlungstische, -sessel u. dgl. für Röntgenapparate u.ä.)	512,1	562,9	447,7	386	498,3	537	589,6	620,5	590,1	3
9402 10	Dental-, Friseurstühle und ähnliche Stühle und Teile davon	11	13,4	11,6	14,9	13,4	13	13,6	14	15,1	2,7
9402 90	Andere Möbel für die Human-, Zahn-, Tiermedizin oder die Chirurgie	95,9	115,5	124,9	138,8	147,1	184,8	210,1	214,6	215	11,3
	Sonstige medizinische Geräte und Vorrichtungen	**719**	**779**	**873**	**940**	**1095**	**1243**	**1342**	**1400**	**1419**	**9,8**
90 18 90 10	Blutdruckmessgeräte	31,4	42,7	50,3	60,5	61,8	68,1	58,2	76,7	73,3	9,7
9018 90 85	Andere Instrumente, Apparate und Geräte	607,5	661	735,4	785,9	924,7	1045	1151	1194	1200	9,9
8419 20	Sterilisierapparate für medizinische oder chirurgische Zwecke oder für Laboratorien	37,7	40,2	36,8	41,1	55,2	63,8	59,4	52,2	62,9	7,3
9020 00	Andere Atmungsapparate und -geräte und Gasmasken, ausgenommen Schutzmasken oder mechanische Teile und ohne auswechselbares Filterelement	42,1	35,5	50,2	52,3	53,4	66,8	73,7	76,3	82,8	10,6

Anhang 8: Importe der Medizintechnik i. w. S. im Zeitraum 1996-2004 nach Produktgruppen[241]

Melde-nummer	Warenverzeichnis der Außenhandelsstatistik	Import nach Hauptgruppen [Mio €]									[%]
		1996	1997	1998	1999	2000	2001	2002	2003	2004	96/04
	Röntgen- und Strahlentherapiegeräte	177	153	183	167	147	163	186	191	168	0,8
9022 12	Apparate für die Computertomografie	61,5	38	40,7	33,6	23,2	38,7	51	42	35,7	-2,1
9022 13	Andere Röntgenapparate für zahnärztliche Zwecke	2,6	0,2	4	2,6	6,4	8,3	7	8,1	8	33,8
9022 14	Andere Röntgenapparate für medizinische, chirurgische oder tierärztliche Zwecke	74	79,2	98,4	92,7	75,8	69,2	82,6	82,8	67,7	-1,4
9022 21	Apparate und Geräte, die Alpha-, Beta- oder Gammastrahlen verwenden, für medizinische, chirurgische, zahnärztliche oder tierärztliche Zwecke	9,6	8,1	7	7,2	5,5	7	5,5	3,5	2	-14,3
9022 30	Röntgenröhren	20,9	23,2	29,3	27,8	32,7	35,6	34,8	47,8	47,9	10,7
90229010	Röntgenschirme, einschließlich Verstärkerfolien; Streustrahlenraster und andere, einschließlich Teile und Zubehör	8,1	4,6	3,5	3,5	3,6	3,5	4,7	6,8	6,7	1,8
	Andere Elektrodiagnosesysteme	**545**	**576**	**743**	**859**	**978**	**1098**	**1206**	**1196**	**1181**	**11,4**
9018 11	Elektrokardiografen	50,3	56,7	49,1	48	46,9	57	64,7	47,8	50,3	0,3
9018 12	Ultraschalldiagnosegeräte	162,2	179,2	254,5	338	372,9	404,5	451,2	399,8	321,4	11,4
9018 13	Magnetresonanzgeräte	19,7	52,4	77,8	92,1	85	96,2	137,3	172,1	212,6	26,8
9018 14	Szintigrafiegeräte	22,8	26,9	32,2	43,3	27,3	30,4	39,4	29,1	26	1,3
9018 19 10	Überwachungsapparate und -geräte zur gleichzeitigen Überwachung von zwei oder mehr Parametern										
9018 19 90	andere Elektrodiagnoseapparate und -geräte										
9018 90 20	Endoskope	126,9	126,4	151,3	157,6	246,7	273,9	276,9	289,2	327,2	14,3
	Therapiesysteme	**304**	**346**	**380**	**474**	**559**	**640**	**599**	**592**	**519**	**8,6**
9018 20	Ultraviolett- oder Infrarotbestrahlungsgeräte	3,6	3,2	2,4	2,3	2,8	4	3	3,5	4,4	3,4
9018 90 30	künstliche Nieren	59	66,8	65	110,6	115,8	136,4	108,6	107,4	95,9	8
9018 90 41	Ultraschalltherapiegeräte	11	8,9	9,5	8,8	6,6	7,2	6,4	5,3	4	-10,5
9018 90 49	andere Apparate und Geräte für Diathermie	1,3	1,7	2,4	1,5	1,4	2,4	5,1	3,1	4	14,6
9018 90 70	Ultraschall-Lithoklaste	0,1	0,3	0,2	0,4	0,5	0,6	2,1	2,5	2,6	48,1
9018 90 75	Apparate und Geräte zur Nervenreizung	5,4	5,4	5,7	6,7	9	9,8	9,3	7,3	6,5	5,2
9019 10 90	Andere Apparate und Geräte für Mechanotherapie; Massageapparate und -geräte; Apparate und Geräte für Psychotechnik	25,6	27,2	33,7	39,7	39,5	38,6	36,6	37,4	31,4	3,2
9019 10 10	elektrische Vibrationsmassagegeräte	18,4	26,8	28,9	27,5	30	39,7	43,5	49,9	31,7	9,1
9019 20	Apparate und Geräte für Ozontherapie, Sauerstofftherapie oder Aerosoltherapie, Beatmungsapparate zum Wiederbeleben und andere Apparate und Geräte für Atmungstherapie	62,7	76,4	92,9	104,4	144,9	149,9	118,5	102,9	96,2	5,9

---

[241] Quelle: Eigene Darstellung in Anlehnung an Hornschild, Kurt, Wilkens, Markus (2004), S. 284-286.

Code	Bezeichnung										
9018 90 50	Transfusionsgeräte, einschließlich Infusionsgeräten	97,7	106,8	113,1	150,5	180,7	217,9	221,6	227,7	195,8	11,9
9018 90 60	Apparate und Geräte für Anästhesie	18,6	22,7	25,8	21,4	27,7	33,7	44,2	44,8	46,3	12,8
	Chirurgische Geräte und Systeme, Spritzen, Nadeln und Katheter u.a. Apparate und Geräte a. n. g.	**483**	**526**	**547**	**583**	**633**	**664**	**782**	**789**	**821**	**7,2**
3006 10	Steriles Catgut, ähnliches steriles Nahtmaterial und sterile Klebstoffe für organische Gewebe für chirurgische Zwecke; sterile Laminariastifte und Tampons: sterile resorbierbare blutstillende Einlagen zu chirurgischen oder zahnärztlichen Zwecken	59,4	60,5	65,7	72,1	93,3	106,5	94,6	90,5	111,9	8,4
9018 31	Spritzen, auch mit Nadeln	86	80,4	96,1	136,5	127,7	126,8	160,8	193,1	224,2	13,2
9018 32	Hohlnadeln aus Metall und Operationsnähnadeln	33,3	37,9	41,3	38,3	47,9	53,3	67,4	61,8	72,2	10,3
9018 39	Andere Nadeln, Katheter, Kanülen und dergleichen	304,6	346,8	344,1	335,7	364,3	377,3	458,8	443,8	412,7	4,5
	Implantate, Prothesen und audiologische Hilfen	**462**	**519**	**629**	**658**	**646**	**678**	**875**	**885**	**879**	**8,4**
9021 31	Künstliche Gelenke	100,9	123,7	127	158,2	98,4	93,3	273,3	264,5	234,2	11,7
9021 39	Augenprothesen und andere künstliche Körperteile und Organe	112,1	157	202,6	188,3	204,2	192,2	148,7	180,8	188,9	3,2
9021 50	Herzschrittmacher, ausgenommen Teile und Zubehör	117,1	77,6	119,4	140,7	130,7	132,9	158,5	142,7	163	6,3
9021 90 90	Andere Vorrichtungen und Implantate zum Beheben von Funktionsstörungen und Gebrechen	132	160,4	179,8	170,4	213	259,2	294,2	296,5	292,9	11,3
	Orthopädische Hilfen, Geräte, Vorrichtungen und Fahrzeuge für Gehbehinderte	**139**	**143**	**157**	**177**	**202**	**215**	**234**	**252**	**250**	**8,7**
9021 10	Apparate und Vorrichtungen zu orthopädischen Zwecken oder zum Behandeln von Knochenbrüchen	71,1	90,9	98,8	112	126,5	137,2	142,5	157,3	170,5	10,7
8713 10	Rollstühle und andere Fahrzeuge für Behinderte, ohne Vorrichtung zur mechanischen Fortbewegung	27,7	23,5	31,6	31,6	34,1	27,4	37,4	38,8	31,7	3,8
8713 90	Andere Rollstühle und andere Fahrzeuge für Behinderte, mit Motor oder anderer Vorrichtung zur mechanischen Fortbewegung	20,1	9,4	9,9	10,9	18,5	22,2	14	19,9	14,7	4,1
8714 20	Teile und Zubehör für Rollstühle uns andere Fahrzeuge für Behinderte	20,5	19	16,5	22,6	23,3	28	39,5	35,9	32,7	10
	Audiologische Geräte und Systeme	**68**	**92,1**	**124**	**140**	**174**	**167**	**169**	**197**	**213**	**13,6**
9021 40	Schwerhörigengeräte, ausgenommen Teile und Zubehör	48,4	73,4	101,3	104,8	133,1	121,4	129,5	159	178,8	14,6
9021 90 10	Teile und Zubehör für Schwerhörigengeräte	19,6	18,7	23,1	35	40,8	45,9	39,6	38,3	34,1	10
	Opthalmologische Geräte und Systeme	**214**	**230**	**263**	**315**	**394**	**442**	**388**	**363**	**363**	**8**
9018 50	andere augenärztliche Instrumente, Apparate und Geräte	43	49,5	54,7	71,7	80,3	95,4	87,4	79,5	83,5	9,2
9001 30	Kontaktlinsen	40,5	46,2	57,7	63,4	90,6	112,7	73,5	29,4	57,9	1,9
9001 40	Brillengläser aus Glas	58,9	64,6	62,9	70,1	83,8	69,3	58,1	63,5	54,2	-0,9
9001 50	Brillengläser aus anderen Stoffen	71,4	69,6	87,7	109,9	139,2	164,7	169,2	190,5	167,4	14,5

Zahnärztliche Materialien, Geräte und Systeme	191	211	197	214	229	247	291	323	358	8,2
3006 40 Zahnzement und andere Zahnfüllstoffe; Zement zum Wiederherstellen von Knochen	26,4	32,4	33,5	38,2	44,9	41,7	56,5	67	82,7	14
3407 00 Modelliermassen, auch zur Unterhaltung für Kinder; zubereitetes „Dentalwachs" oder „Zahnabdruckmassen" in Zusammenstellungen, in Packungen für den Einzelverkauf oder in Tafeln, Hufeisenform, Stäben oder ähnlichen Formen; andere Zubereitungen für zahnärztliche Zwecke	14,6	15,3	13,5	11,2	13,5	17,2	21,1	22,1	23,5	7,5
9018 41 Dentalbohrmaschine, auch mit anderen zahnärztlichen Ausrüstungen auf einem gemeinsamen Sockel	9,8	8,4	6,6	8,8	10,3	11,2	11,7	16,5	10,6	6,4
9018 49 Andere zahnärztliche Ausrüstungen (z. B. Schleifrädchen, Scheiben, Fräser und Bürsten, zur Verwendung in Dentalbohrmaschinen)	86,1	99,8	90,5	105,7	99,8	108,3	117,9	129,8	158,3	6,5
9021 21 Künstliche Zähne	10,5	11,5	8	11,1	12,9	14,8	18,3	25,4	23,7	13,4
9021 29 Andere Waren der Zahnprothetik	43,3	44,1	44,7	38,9	47,5	53,7	65,4	62	59,3	5,8
Diagnostika und Reagenzien	**389**	**480**	**563**	**686**	**881**	**946**	**1076**	**1087**	**1154**	**15,1**
3006 20 Reagenzien zum Bestimmen der Blutgruppen oder Blutfaktoren	23,7	27,9	25,7	26,3	26,5	28,3	28,1	26,8	26,8	1
3006 30 Röntgenkontrastmittel; diagnostische Reagenzien zur Verwendung am Patienten	49,5	65,1	71,1	76,6	87,2	62,5	55	71,7	93,3	3,6
3822 00 Diagnostik- oder Laborreagenzien auf einem Träger und zubereitete Diagnostik- oder Laborreagenzien, auch auf einem Träger, ausgenommen Waren der Position 3002 oder 3006; zertifizierte Referezmaterialien	315,8	386,9	465,9	583,5	767,4	855,5	993,2	988	1034	17,1
Verbandmaterialien	**252**	**277**	**332**	**344**	**388**	**426**	**481**	**479**	**480**	**9**
3005 10 Heftpflaster und andere Waren mit Klebeschicht	93,6	89,5	126,5	142,9	186,8	220,9	255,4	255,4	263,9	16,4
3005 90 Watte und Waren daraus (z. B. Verbandmaterialien) auch mit medikamentösen Stoffen getränkt oder überzogen	157,6	185,1	203,8	199,3	200	203,8	224,7	221,6	214,7	3,4
3006 50 Taschen und andere Behältnisse mit Apothekenausstattung für erste Hilfe	0,5	1,9	1,3	1,4	1,3	1,7	1,1	1,4	0,8	1,9
Textilien und Produkte aus Kautschuk für den med. Bedarf	**104**	**116**	**124**	**120**	**131**	**160**	**171**	**174**	**163**	**6,9**
5601 21 10 Watte aus Spinstoffen und Waren daraus: hydrophil	6,2	6,1	8	10,1	8,9	13,5	13,6	9,6	11,4	9
5601 22 10 Watterollen mit einem Durchmesser von 8 mm oder weniger	9,3	8,2	7,7	13,7	16,3	18,9	16,1	20,2	22,9	14,5
4015 11 Handschuhe aus Weichkautschuk chirurgische Zwecke	67,7	78,1	81,2	68,2	76,6	93,2	104,3	106,7	101,4	5,8
4014 10 Präservative	6,3	7,1	7,7	8,1	8,7	9,3	10,8	11,7	8,1	5,6
4014 90 90 Andere Waren zu hygienischen oder medizinischen Zwecken, aus Weichkautschuk, auch in Verbindung mit Hartkautschukteilen	14,3	15,9	19	19,3	20,8	24,9	25,9	26,2	19,3	6,1
Besondere Einrichtungen für Kliniken und Arztpraxen	**246**	**256**	**261**	**309**	**385**	**411**	**419**	**414**	**414**	

9022 90 90	Andere Teile und Zubehör für Röntgen- und andere radioaktive Strahlungsapparate und -geräte (z. B. Untersuchungs- und Behandlungstische, -sessel u. dgl. für Röntgenapparate u.ä.)	181,9	198,3	194,3	243,7	316,6	339,9	334,3	349,9	354,5	10,1
9402 10	Dental-, Friseurstühle und ähnliche Stühle und Teile davon	11,7	14,4	15,2	15,6	19,6	15,1	16,9	14,7	13,3	1,2
9402 90	Andere Möbel für die Human-, Zahn-, Tiermedizin oder die Chirurgie	52,7	42,9	51,5	49,7	48,5	55,8	67,9	49,1	46	0,9
	Sonstige medizinische Geräte und Vorrichtungen	**526**	**593**	**627**	**715**	**764**	**820**	**833**	**828**	**849**	**6,2**
90 18 90 10	Blutdruckmessgeräte	69,2	78,4	86	115,6	92	85,9	68,2	66,4	69,7	-2
9018 90 85	Andere Instrumente, Apparate und Geräte	428,2	456,4	495,2	548,9	598,6	682,9	701,9	696,1	716,7	7,3
8419 20	Sterilisierapparate für medizinische oder chirurgische Zwecke oder für Laboratorien	12,9	16,1	14,8	20	20	17,4	22,2	18,9	16,9	3,8
9020 00	Andere Atmungsapparate und -geräte und Gasmasken, ausgenommen Schutzmasken oder mechanische Teile und ohne auswechselbares Filter-element	15,2	41,6	30,9	30,8	53,6	33,9	40,5	46,5	45,2	9,3

Anhang 9:   Inlandsmarkt[242]

Gruppe	Werte in jeweiligen Preisen in 1000€				Verände-rung 1996/2004
	1996	2002	2003	2004	
Textilien und Produkte aus Kautschuk für den medizinischen Bedarf	203.748	212.000	199.721	189.920	0,5
Verbandmaterialien	528.087	530.206	583.303	538.557	1,0
Diagnostika und Reagenzien	619.977	807.077	1.001.650	964.885	6,0
Bildgebende Röntgen-Verfahren und Strahlentherapie	408.649	888.408	889.088	810.695	11,3
Andere Elektrodiagnosegeräte und -systeme	490.755	455.211	505.985	342.187	-2,9
Therapiesysteme	440.927	737.929	726.557	579.378	5,5
Chirurgische Geräte und Systeme, Spritzen, Nadeln und Katheter u.a. Apparate und Geräte a. n. g.	756.159	1.172.582	1.023.036	983.107	3,6
Sonstige medizintechnische Geräte und Vorrichtungen	817.934	1.011.205	1.174.632	1.292.868	4,8
Implantate und Prothesen, Audiologische Geräte und Systeme	677.686	1.239.631	1.286.319	1.344.801	8,3
Zahnärztliche Materialien, Geräte und Systeme	1.420.185	1.464.493	1.459.119	1.598.406	0,1
Ophtalmologische Geräte und Systeme	611.018	514.311	605.300	349.687	-3,7
Orthopädische Hilfen, Geräte, Vorrichtungen und Fahrzeuge für Gehbehinderte	474.204	686.169	680.738	711.333	6,3
Besondere Einrichtungen für Kliniken und Arztpraxen					
Summe	7.449.328	9.719.223	10.135.448	9.705.824	3,6
Summe 33.10	**4.885.737**	**6.912.816**	**7.125.266**	**7.126.631**	**4,6**

---

242   Quelle: Eigene Darstellung nach Hornschild, K., Raab, S., Weiss, J.-P. (2005), S. 294.

Anhang 10: Entwicklung der Gesundheitsausgaben nach Ausgabenträger (Mio €)[243]

ABSOLUT	1992	1994	1996	1998	2000	2001	2002	2003
Öffentliche Haushalte	21.151	23.196	21.780	17.042	17.357	18.315	18.837	18.786
GKV	98.972	107.665	116.598	118.191	124.393	128.865	133.403	136.031
Soziale Pflegever-sicherung			10.012	14.656	15.638	15.895	16.357	16.499
GRV	3.735	4.396	4.872	3.490	3.950	4.087	4.270	4.344
GUV	2.923	3.404	3.544	3.657	3.795	3.850	3.977	4.097
PKV	11.946	13.758	14.792	16.313	17.868	18.677	19.726	20.612
Arbeitgeber	6.969	7.678	8.493	8.824	9.203	9.621	9.892	9.923
Pivate Haushalte	17.391	20.042	22.863	26.501	27.154	28.478	28.505	29.409
Gesamt	163.087	180.137	202.953	208.673	219.359	227.788	234.967	239.703

Veränderung	1992	1994	1996	1998	2000	2001	2002	2003
Öffentliche Haushalte		2,7	-7,2	-3,4	1,7	5,5	2,9	-0,3
GKV		8,5	3,3	2,2	2,3	3,6	3,5	2,0
Soziale Pflegever-sicherung			103,6	5,0	2,8	1,6	2,9	0,9
GRV		6,6	3,1	-1,5	10,0	3,5	4,5	1,7
GUV		5,4	0,6	1,2	1,0	1,4	3,3	3,0
PKV		6,9	1,9	3,2	3,8	4,5	5,6	4,5
Arbeitgeber		4,2	1,4	0,4	1,2	4,5	2,8	0,3
Pivate Haushalte		7,8	6,6	6,8	0,7	4,9	0,1	3,2
Gesamt		7,2	4,7	2,4	2,3	3,8	3,2	2,0

---

[243] Quelle: Eigene Darstellung nach Bundesamt für Gesundheit (Hrsg.) (2005).

Anhang 11: Prognose der Entwicklung der Ausgaben für Medizintechnik[244]

Eckwerte der Prognose	Zeitraum	D	EU-15	USA**	JP**
Jährliches Wachstum des BIP in %*	2002-2010	3,3	4,4	5,3	2,3
Jährliches Wachstum der Gesundheitsausgaben in %	2002-2010	3,5	4,7	6,6	2,6
Jährliches Wachstum der Medizintechnikausgaben in %	2002-2010	4,1	5,4	7,2	2,9
Darunter					
Krankenhaus	2002-2010	4,5	5,8	7,1	2,7
Arztpraxen	2002-2010	5,3	6,8	9,9	3,2
Zahnarztpraxen	2002-2010	3,3	5,5	5	2,1
Hilfsmittel	2002-2010	3,6	4,4	6,2	3,2
Langzeitpflege	2002-2010	4,5	4,7	6,6	4,6
Gesundheitsausgabenquote in % des BIP	2010	11,2	9,8	16	9,1
Medizintechnikausgaben in % der Gesundheitsausgaben	2010	8,2	7,4	7	6,8
Medizintechnikausgaben in % des BIP	2010	0,9	0,73	1,12	0,62
Private Finanzierung der Gesundheitsausgaben in %	2010	25	25	4	29
Spezialisierung in % aller Ärzte	2010	67	65	65	
Vertikale Restriktion der Leistungserbringung	2010	gering	mittel	gering	gering
Vergütung leistungsbezogen	2010	mittel	mittel	mittel	mittel

---

[244] Quelle: Eigene Darstellung nach Bundesministerium für Bildung und Forschung (BMBF) (Hrsg.) (2005b), S. 721.

Anhang 12: Literarische Zusammenschau

Albrecht, M. (1999)	Bundesverband Medizintechnologie e. V. (BVMed) (2005)	Hornschild, K.; Raab, S.; Weiss, J.- P. (2005)	Krankenhaus Umschau (Hrsg.) (2005)	Krankenhaus Umschau (Hrsg.) (2004)	Grönemeyer, D. H. W. (2005)
Kein Oberbegriff	**Trends der Medizintechnologie**	**Med-Tech-Trends**	**Trends in der Medizintechnik**	**Trends in der Medizintechnik**	**Zukunftsfelder**
Mikrosensoren für Implantate, künstlichen Organen	Tissue Engineering	Medikamentenbeschichtete Implantate	CT	Endoskopie	Tissue-Engineering
Miniaturisierung	Zelltherapie	Telemedizin	Teleradiologie	Kniechirurgie	Werkstoffkunde für Instrumente, Katheter, Führungsdrähte, Prothesen, Nahtmaterial
Fernsteuerbarkeit	Nanotechnologien	Roboter, Navigation	Virtuelle Stroke Units	CT	Mechatronik im Instrumenten- und Gerätebau
automatische Bedienung von Operationsbesteck	Minimal-invasive chirurgische Technologien	Kardiologische Produkte	KST	Ganzkörper-Kernspin	Gerätebau für hybride Bildsysteme, Systemintegration, Modulbauweise, Größenreduzierung
Video-Endoskopie	Hochentwickelte biomedizinische Werkstoffe	Künstliche Gefäßprothesen	Stents	Ultraschall	Mikrostruktur- und Mikrosystemtechnik
minimal-invasive Operationstechnik	Telemedizin	Blutzuckermessung	Künstliche Bandscheibe	Telemedizin	Sensortechnik für Implantate
Telemedizin		nicht-invasive Verfahren und Screening	Dokumentation	Integrierte Wund-Versorgung	Optik- und Lasertechnik für Endoskopie, Bild- und Energieübertragung, Analytik und Monitoring
		Robotik		Elektromedizin	Hard- und Softwareentwicklung
		Tissue-Engineering		Schmerzmanagement	Telemedizin, Telematik, Datentransfer
		beschichtete und biokompatible Mikroprodukte (Stents)			
		plastische Chirurgie			
		nicht-invasive Endoskopie			

Anhang 13: Kompetenzzentren:[245]

Kompetenz-zentrum	Sitz	BMBF-Förderung bis 2005	Schwerpunkt	Internet
AKM	Aachen	X	Miniaturisierte Komponenten und Systeme für die Herz-Kreislauf- und Gewebetherapie	www.akm-aachen.de
C.A.T. e. V.	Rostock		Centrum für AphereseTechnologie - Blutreinigung als unterstützende Therapie	www.apherese-technologie.de
HörTech	Oldenburg	X	Systemtechnik und Optimierung der Versorgung und Rehabilitation mit Hörgeräten	www.HoerTech.de
imtc GmbH	Hamburg		Förderung der Entwicklung und Vermarktung innovativer und marktfähiger medizintechnischer Produkte	www.imtc-hamburg.de
INPRO	Duisburg		Moderne Prothesen für verbesserte Lebensqualität - Intelligente Implantate und Prothesen	
KITZ	Frankfurt		Kostengünstige Zahnheilkunde für Jedermann - Kompetenzzentrum für innovative Technologien zur Kostenreduktion in der Zahnheilkunde	
KMR	Bochum	X	Kompetenzzentrum Medizintechnik Ruhr - Erforschung neuer Einsatzgebiete rund um Thema Ultraschall	www.kmr-bochum.de
m hoch drei	Rostock		Kompetenzzentrum Medizinische Mikrosensorik (Microelectronic Meets Medicine)	
MEDIMPLANT	Hannover	X	Kardiovaskuläre Implantate	www.kompetenznetze.de
MITT e. V.	Tübingen-Tuttlingen	X	Kompetenzzentrum Minimal Invasive Medizin & Technik	www.mittev.org
MOTIV	St. Ingbert/ Berlin		Miniaturisierte Monitoring- und Interventionssysteme	www.motiv-medtech.de
OIT	Jena	X	Systeme zur objektiven Funktionsdiagnostik des Sehens, Lasertherapie für Augenheilkunde	www.ophtalmoinnovation.de
TELTRA	Karlsruhe	X	Telemedizin für Unfallopfer - Kompetenz- und Servicezentrum für Traumatologie	www.teltra.de
ZENIT	Erlangen		Kompetenzzentrum für Innovativen Technologieeinsatz in der Medizin	www.forum-medtech-pharma.de

---

[245] Quelle: Eigene Zusammenstellung nach Bundesministerium für Bildung und Forschung (BMBF) (Hrsg.) (2003); Bundesministerium für Bildung und Forschung (BMBF) (Hrsg.) (2000); Bundesministerium für Bildung und Forschung (BMBF) (Hrsg.) (2001).

Personenverzeichnis

Ambrose, Janes 24
Anel, Dominique 32
Anger, Hal O. 27
Auenbrugger, Johann Leopold 14
Baule, Gerhard M. 18
Berger, Hans 18
Bernard, Claude 33
Bliss, W. R. 28
Bloch, Felix 29
Bozzini, Philipp 21
Braun, Bernhard 34, 37
Breyer, Friedrich 76
Clover, Thomes 36
Cohen, David 18
Cormack, Allan MacLeod 24
Caton, Richard 18
Damadian, Raymond 30
Doppler, Christian Johann 29
Dotter, Charles 33
Du Bois-Reymond, Emil 18
Edison, Thomas 21
Einthoven, Willem 17
Effert, Sven 28
Elmquist, Rune 34
Forßmann, Werner 33
Frey, Max von 37
Galen 32, 34
Galvani, Luigi 16
Gibbon, John Heyshan 38
Gruber, Max 38
Grüntzig, Andreas 33
Harvey, William 14, 32
Hering, Eduard 37
Hippokrates 50
Hiroskowitz, Basil 22
Hof, Bernd 77, 95

Hopkins, Harold H. 22
Hounsfield, Godfrey N. 24
Howry, Douglass H. 28
Joliot, Frederic 26
Joliot-Curie, Irene 26
Junker v. Langegg, Ferdinand
Adalbert 36
Kalender, Willi A. 25
Kondratieff, Nikolai Dmitrijewitsch
103
Kussmaul, Adolf 21
Laennec, René Théophile Hyacinthe
14f.
Lauterbur, Paul C. 30
Leiter, J. 21
Mansfield, Peter 30
Marey, Etienne Jules 17
Matteucci, Carlo 16
McFee, R. 18
Morten, William 35
Müller, Carl Heinrich Florenz 40
Nitze, Maximilian 21
Porter, Michael Everett 89, 91
Purcell, Edward M. 29
Raabi, Issac Insider 29
Reid, J. H. 28
Röntgen, Conrad Wilhelm 39ff., 90
Senning, Äke 34
Smith, Edwin 31
Ulrich, Volker 76
Waller, Auguste Desire 17
Wild, John J. 28
Zimmermann, J. 18

Stichwortverzeichnis

- A-

Abnehmer 42, 59, 82, 90
Altgeräte 55
After sales responsibilities 87
Akustische Wellen 13f.
Akteure 13, 70, 74, 84
Branchen- 72, 81f.
Haupt- 60, 70
Verhaltenskalkül der
medizintechnischen 70
Amtliche Statistik 105
Anästhesie 12, 34, 36f.
Anbieter 3, 53, 66, 70ff., 88, 94, 101
Angebot 3, 62, 67, 70, 89
Apparate 2, 11, 12, 20, 38ff., 40, 86
ars medicina (ärztliche Kunst) 11
Arztpraxen 5, 73, 96
Audiologische Geräte und Systeme
4
Aufnahmezeit 25
Ausfuhrvolumen 64
Ausgaben 67, 71, 73ff., 85, 101
-kalkül 73
Außenhandel 8, 63, 66
Außenhandelsstatistik 5

- B-

Ballondilatation 33
Beitragssatz 76f.
Benannte Stellen 52
Beschäftigte 46, 53, 58
Beschäftigung(s) 102
-abbau 57
-struktur 57
Betrieb(e) 31, 40ff., 57f., 64, 100
Big Player 60
Bioelektrische Ströme 16, 18
Biosensoren 98

Biosignale 12
Blutkreislauf 14
Blutdruck 12
brain drain 47
Branche(n) 1, 7f., 13, 39, 42f., 51,
57, 60, 63, 68, 70, 89, 93, 102, 103ff.
-abgrenzung 3
-akteure 72, 81f.
-analyse 45
Automobil- 78, 91, 103
-beispiel 39, 68
-struktur 7, 41, 46
-umsatz 50
-umwelt 7, 47
Bruttoinlandsprodukt 59, 73
Bundesausschuss 79
Bundesministerium für Bildung
und Forschung (BMBF) 99
Bundesministerium für Gesundheit
und soziale Sicherung (BMGS) 79
Business-to-Business Produkte
(B2B) 55
Business-to-Customer Produkte
(B2C) 55
BVMed 8

- C-

CE-Kennzeichnung 52f., 80
Center for Strategic and
International Studies 49
Chloroform 35, 37
Computertomograph(ie) (CT) 24f.,
41, 65, 82, 88
Spiral- 25f.
Mehrzeilen- 26
Multislice- (Mehrschichten-CT) 26
Elektronenstrahl- 26
Volumen- 26

Emissions- 27, 41, 79
Corpus Hippocraticum 32
Chirurgie 12, 32ff., 99, 105

- D -

Deutschen Industrieverbandes für optische, medizinische und mechatronische Technologien e.V. (Spectaris) 88, 92
Deutsche Institut für Medizinische Dokumentation und Information (DIMDI) 79
Deutsche Institut für Wirtschaftsforschung (DIW) 76, 99
Diagnostika 4, 64f.
Diamanten von Porter 89
Dienstleistungen 3, 5, 59, 89, 100ff., 103
Doppeluntersuchungen 83
3D-Abbildung 24

- E-

early warning 79
Echolot 29
Economies of Scale 60
Effektivität 78, 80f., 83
Effizienz 78, 80f.
e-Health 98
Einmalprodukte 56
Elektrische Ströme 16
Elektrodiagnose-
-geräte und -systeme 4, 68,
Elektroencephalograph (EEG) 16, 18
Elektrogerätegesetz 55
Elektrokardiograph (EKG) 16ff., 85f.
Elektromyograph (EMG) 16
Elektrotechnik 40, 100, 103
EMO-Inhalationsapparat 35
Endoskop(ie) 20f., 68, 81
Video- 22f.

Kapsel- 80f.
Entwicklung
Sozialdemographische 49f.
Erfolgsursachen 89
Export 42, 64ff.
-quote 64, 100, 102
-anteil 64
-angebote 65

- F-

Fallpauschalen 82
Faustkeil 31
Feinmechanik 40, 100
Feuersteinschaber 31
Forschung(s) 4, 42, 96f.
und Entwicklung (F&E) 46, 71
-trends 8
-institut Analytica International 80
Fortschritt 11, 37, 53f., 75ff., 105
Free-Rider-Problematik 71
Funktionsdiagnostik 12, 28

- G-

Gastroskopie 21
Gehbehinderte 4
Gesichtsmaske 37
Gesundheit(s)
-versorgung 1, 101
-system 54, 71, 79, 100f., 103f.
-wesen 1, 47, 51, 70f., 74, 77f., 96, 99, 101
GfK Healthcare 56
Glasbläserei 40
Glasfibertechnik 22
Glasfibergastroskop 22
Glühlampe 21f.
Grenzertrag 54
Griechen(land) 21, 32f.
Gründung(s)
-entwicklung 46, 58
-risiko 59

Güter
-versorgung (bestmögliche) 3
-verzeichniss für die
Produktionsstatistik 5
Gütesiegel 53, 90

- H -

Hauptakteure 60, 70
Handel
Gesamt- 64
Spezial- 64
Hersteller 2, 8, 41ff., 50ff., 60, 64,
72, 80f., 88
Herz
-infarkt 17
-frequenz 12, 34
Herz-Lungen-Maschine 37f.
High Tech 21
Hochspannungstechnologie 40
Humankapital 42
Health Technology Assessment
(HTA) 50ff.

- I -

immunologisch 2
impact assessment 79
Implantate 4, 57f., 63, 65, 68, 99
Inhalationsflasche 35
Initiative Medicycle 56
Inlandsnachfrage 8, 64, 66ff., 89,
102
Informationsasymmetrien 72
Infusionen 34
Innovation(en) 25, 43, 53f., 66, 72,
76, 101
Installationsdichte 29
Instrumente 2, 4, 11f., 19, 21, 31f.,
43, 52, 57, 61,
Intensivmedizin 12f., 37
Investitionen 68, 72, 74, 82f., 85
Investitionskalkül 82

Junker´sche Apparat 36

- K -

Kanüle 32
Kapillar-Elektrometer 17
Kapitalbedarf 59
Katheter 33, 97
Kautschuk 5, 63, 68
Kernmagnetische
Resonanzspektroskopie (nuclear
magnetic resonance) 30
Kernspintomograph 1,
Kliniken 5, 51
Sana Kliniken GmbH 51
Rhön-Klinikum AG 51
Asklepios Kliniken GmbH 51
Helios AG 51
Kompetenzzentren 98f.
Kompressionshypothese 95
Konformitätsbewertung 52
Konkurrenz 42f., 47, 70
Kontratieff-Zyklus 103
Konzern 61, 64, 105
Kosten 48f.
-degressionseffekte 41
-treiber 1, 8, 70, 74f., 77
Personal- 47, 58
-verlauf 48
Krankenversicherung 71, 74, 77ff.
Krankheit(en) 2, 5, 11f., 49f., 71,
74, 87, 95f., 105
Kunststoff 33f., 35
Kymographion 16

- L -

Lab-on-Chips 98
Leistungskatalog 79, 80
Lichtleiter 21

- M -

Magnetfeld 18, 29f.

Magnetsonograph 28
Magnetoencephalographie (MEG)
18
Magnetokardiographie (MKG) 18
Magnetresonanzthomographie
(MRT) 28, 31
Makroanalyse 7
Mängelwesen 11
Markt 1ff., 7f., 13, 17f., 25, 29, 39ff.,
46ff., 53ff., 60ff., 70ff., 81, 86, 88,
90ff., 95, 99ff., 103, 105f.
-anteile 25, 42, 70
Absatz- 63, 101
Inlands- 42, 66, 72, 83, 102f., 105
Mechanismus 74
-transparenz 101
Welt- 1
Marktwirtschaft 8, 47, 70, 105
Massachusetts General Hospital 35
Medica 60
Medizinischer Dienst 79
Medizinprodukte Gesetz über
Medizinprodukte (MPG) 2, 4, 53
Messer 32
Metabolismen 2
Minimal invasive Interventionen 97
Moral Hazard 71
Muskelaktionsströme 16

- N -

Nachfrage 3, 8, 40f., 64, 66, 70ff.,
90f., 95, 100ff.
Inlands- 8, 64, 66ff., 89f.,102
Import- 65, 67
Kunden- 63, 66
Nadelelektroden 16
Narkose 35
-apparat 34, 36
Non-Profit Institutionen 71
Nuklearmedizin 20, 26, 69
Nutzen 17, 47, 70, 73, 79, 81, 87

- O -

OECD 8
Okular 22
Ophthalmologische Geräte und
Systeme 4, 65, 99
Opium 35
Original Equipment Manufactures
Abkommen 92
Orthopädische Hilfen/
Vorrichtungen 3ff., 57, 64f.
Oszillograph 17
Ökonomie
Gesundheits- 78
der Medizintechnik 47, 70, 72
Oxymat-3-Sauerstoff-Konzentrator
56

- P -

Papyri 31
Patent 42
-antrag 39
-nutzung 92
-rechtsgesetz 71
Patient 1, 13f., 25, 29, 34f., 37f., 41,
50, 53, 56, 70ff., 79, 81, 87, 97
Pflege 3
-bedürftigkeit 49
-markt 96
-sätze 82
pharmakologisch 2
Phonokardiographie 13
Physikalisches Institut der
mittelfränkischen Universität
Würzburg 39
Pleuraspalt 14
Politik 53, 78, 100ff.
Positronen-Emissions-
Tomograph(ie) (PET) 27, 79
Prävention 3
Produktlebenszyklus 48, 55
Produzenten 3, 8, 41

Prognos AG 75
Prothesen 4, 59, 63, 65, 78

- O -

Qualitätsstandard 52
Quantensprung
technologischer 43

- R -

Rahmenbedingungen 13, 46f., 71, 88, 105
RCA-Wert (revealed comparative advantage) 65f.
Reagenzien 4f., 64f., 98
Real-Time-Verfahren 29
Recycling 54
Reduzierventil 37
Reglementierungen 71
Reichsministerium für Rüstung und Kriegsproduktion 42
Reihenfertigung 41
refurbished systems 55
Regulierung 8, 34, 70, 90, 105
Rehabilitation 3
Relaxationszeit 30
Resonanzmethode 30
Ressourcen 13, 54, 102
-allokation (suboptimal) 71
Rezession 57, 68
Risikoanalyse 53, 86
Rotationsscanner 25
Röhrenverstärker 17
Röntgen 1, 23f., 30, 39, 86, 90
-geräte 40f., 83ff.
Rundfunktechnik 17

- S -

Saitengalvanometer 17f.
Schall 20, 28
-wellen 28f.

-leistung 14
Schlafschwämme 35
Schnittbild 25, 29
Schrittmacher 34, 90
Herz- 34, 66, 87
Sektor
Ambulant 85f.
Stationär 82, 84, 87
Selbstverwaltung 79
Service 85, 88, 92
Single-Photon-Emission-Computer-Tomographie-Kamera (SPECT-Kamera) 26ff.
SIRETOM 25
Sozialgesetzgebung 71
Speculum 21
Spezialisierungsvorteilen 66
Spritzen 32ff.
Spulengalvanometer 17f.
SQUID-Verfahren (Superconducting Quantum Interference Device) 18f.
Standortverteilung 46, 58
Stent 33
Stethoskop 15
Stickoxydul (Lachgas) 35
Strahlen 23
-therapiegeräte 4, 63
Stoßwellen 41
succussio Hippocratis („Plätschern des Hippokrates") 14
Szenario 75ff., 100ff.
Status quo 7f., 75, 100, 102
radikaler Wandel 102
Szintigraph 26

- T -

Technik 2, 18, 23f., 28, 35, 40, 48, 50f., 69, 74, 91
-akzeptanz 50
Diagnose- 14
Elektro- 40, 50, 100, 103

Energie- 50
Fertigungs- 40
Gen- 50
Gewebe- 97
Informations- 50, 103
Katheter- 97
Kommunikations- 60
Laser- 53
Material- 100
Mikro- 97
Nano- 97
Narkose- 35
Regelungs- 4
Roboter- 97
Rundfunk- 17
Trepanations- 31
Vakuum- 40
Video- 22
Zell- 97
Technologiewettlauf 25
Technologische Leistungsfähigkeit
53
technologisches Know How 59
Basistechnologien 53, 103
Tissue Engineering 96f.
Therapie 3, 13, 25, 31, 82, 87, 97
-systeme 4, 65
-Geräte und Instrumente 9
Thermoschrift 17f.
Trend 55, 57, 62, 96, 100
Trepanationstechniken 31
TÜV 52

- U -

Ultraschall 1, 29, 43, 69, 85
Umfeldfaktoren 45
Umsatz 42, 64, 82
Unternehmen(s)
aus dem Textilgewerbe (WZ 17.54)
4,
der chemischen Industrie (WZ
24.42.0 und 24.66.0) 4

der Gummi-Industrie (WZ 25.13.0) 4
-struktur 7
Dräger 37, 61, 89
Koch und Sterzel 40
EMI Ltd. 25, 88
Kelvin-Huges 29
Siemens & Halske 17, 40
Siemens-Reiniger-Werke 43
CHF Müller AG 43
Schneider und Cook 33
B. Braun 34
Epstein und Macintosh 35
GE 25f.
Siemens 25, 40ff., 55
Philips 25, 55, 61, 92
Toshiba 25, 61
Hitachi 25, 61
Siemens Medical Solutions 7, 61, 89,
92, 98, 105
Urethroskop 21

- V -

Vakuumtechnik 40
Venture-Capital 62
Verbandmaterialien 4, 63, 65, 68
Versorgung(s) 16, 71, 76, 101ff.
Integrierte 76
-kosten 99
-leistung 99
-qualität 99
-systeme 103
Vertrieb 52, 92
Volkseinkommen 76
Volkswirtschaft 49, 88

- W -

Warenverzeichnis
der Außenhandelsstatistik 5
Weltwirtschaft 100
Wettbewerb 25, 46, 53, 57, 60, 71,
89, 92, 101

Wiederverwertung 54f.
Wirtschaft 1, 53ff., 98, 102ff.
Wirtschaftlichkeitsbeispiel 82
Wissenschaftsstatistik gGmbH im Stifterverband der deutschen Wissenschaft (WSV) 61
Wirtschaftswachstum 47, 103
Wirtschaftszweige 3f., 11, 57, 105
europäischen Klassifikation der Wirtschaftszweige 33.10
„Herstellung von medizinischen Geräten und orthopädischen Vorrichtungen" 3
elektromedizinischen Geräten und Instrumenten (WZ 33.10.1) 3, 11
medizintechnischen Geräten (WZ 33.10.2) 3, 11, 57, 61, 64
orthopädische Vorrichtungen (WZ 33.10.3) 3, 57, 64

zahntechnische Laboratorien (WZ 33.10.4) 4, 57
WZ 33.40.1 „Herstellung von augenoptischen Erzeugnissen" 4
WZ 35.43.0 „Hersteller von Behindertenfahrzeugen" 4
Wolf- Schinlersche (halbstarr) 22

- Z -

zahnärztliche Materialien, Geräte und Systeme 4, 63, 66
Zertifizierung 51f.
ZEW-Gründungspanel 59
Zulassungsverfahren 51,71
ZVEI 8
2D-Puls-Echo-Bilder 29
Zystoskop 21f.

Schriften zur Gesundheitsökonomie

HERZ

Health Economics Research Zentrum
Buchweizenfeld 27
31303 Burgdorf
Fax: +49(0)5136/976187
email: herz@schoeffski.de

Bisher erschienen:

Band 1   *Steininger-Niederleitner, M., Sohn, S., Schöffski, O. (2003)*
Managed Care in der Schweiz und Übertragungsmöglichkeiten nach
Deutschland
ISBN 3-936863-00-8, 172 S., 18 Abb., Geb. EUR 19,90

Band 2   *Esslinger, A. S. (2003)*
Qualitätsorientierte strategische Planung und Steuerung in einem
sozialen Dienstleistungsunternehmen mit Hilfe der Balanced Scorecard
ISBN 3-936863-01-6, 276 S., 36 Abb., 50 Tab., Geb. EUR 29,90

Band 3   *Lindenthal, J., Sohn, S., Schöffski, O. (2004)*
Praxisnetze der nächsten Generation: Ziele, Mittelverteilung und
Steuerungsmechanismen
ISBN 3-936863-02-4, 216 S., 16 Abb., 19 Tab., Geb. EUR 24,90

Band 4   *Steinbach, H., Sohn, S., Schöffski, O. (2004)*
Möglichkeiten der Kalkulation von sektorenübergreifenden
Kopfpauschalen (Capitation)
ISBN 3-936863-03-2, 312 S., 22 Abb., 28 Tab., Geb. EUR 29,90

Band 5   *Glock, G., Sohn, S., Schöffski, O. (2004)*
IT-Unterstützung für den medizinischen Prozess in der integrierten
Versorgung
ISBN 3-936863-04-0, 208 S., 22 Abb., Geb. EUR 24,90

Band 6   *Hagn, D., Schöffski, O. (2005)*
Orphan Drugs. A Challenge for the Pharmaceutical Industry in Europe
ISBN 3-936863-05-9, 160 S., 37 Abb., 20 Tab., Geb. EUR 19,90

Band 7   *Pelleter, J., Sohn, S., Schöffski, O. (2004)*
         Medizinische Versorgungszentren. Grundlagen, Chancen und Risiken
         einer neuen Versorgungsform
         ISBN 3-936863-06-7, 196 S., 18 Abb., Geb. EUR 24,90

Band 8   *Sohn, S. (2006)*
         Integration und Effizienz im Gesundheitswesen. Instrumente und ihre
         Evidenz für die integrierte Versorgung
         ISBN 3-936863-07-5, 288 S., 26 Abb., 28 Tab., Geb. EUR 29,90

Band 9   *Hämmerle, P., Estelmann, A., Schwandt, M., Schöffski, O. (2006)*
         Moderne Verfahren der Qualitätsberichterstattung im Krankenhaus
         ISBN 3-936863-08-3, 140 S., 33 Abb., Geb. EUR 19,90

Band 10 *Marschall, D. (2007)*
         Positionierung einer erfolgreichen Arzneimittelmarke
         ISBN 978-3-936863-09-3, 244 S., 54 Abb., 24 Tab., Geb. EUR 24,90

Band 11 *Haarländer, S., Bühner, A., Schwandt, M., Schöffski, O. (2007)*
         Public Private Partnership (PPP) im Krankenhausbereich
         ISBN 978-3-936863-10-9, 192 S., 32 Abb., 3 Tab., Geb. EUR 24,90

Band 12 *Schmitt-Rüth, S., Esslinger, A. S., Schöffski, O. (2007)*
         Der Markt für Medizintechnik – Analyse der Entwicklungen im Wandel
         der Zeit
         ISBN 978-3-936863-11-6, 172 S., 20 Abb., 6 Tab., Geb. EUR 19,90

www.ingramcontent.com/pod-product-compliance
Lightning Source LLC
Chambersburg PA
CBHW061253220326
41599CB00028B/5637